아이유 가사 필사집

아이유 작사 곡 모음

Chapter. IU♡

◀◀ ❙❙ ▶▶

아이유 가사 필사집 활용법

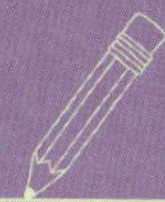

① 이 책은 I, U, 사랑 총 3개의 챕터로 구성했습니다. 마음에 드는 곡을 찾아 필사해 보세요.

② 필사집에 실린 전 곡을 피아노 커버 음원으로 들을 수 있게 준비했습니다.

챕터 첫페이지에 수록된 QR를 스캔해 보세요.

필사할 때 가사가 전하는 감정에 한층 더 몰입할 수 있을 거예요.

③ '사랑히 적어둔 글씨들' 챕터에 이 책에 도움을 주신 177명의 유애나 분들의 메시지를 담았습니다.

함께 읽고 공감하며 아이유와 유애나를 하나로 이어주는 소중한 연결고리가 되기를 바라는 마음으로

준비했습니다.

이 책은 단순히 아이유의 가사를 모은 필사집이 아닙니다. 유애나 분들의 소중한 도움으로 비로소 이 필사집
이 탄생할 수 있었습니다. 부디 아이유의 노래로 마음의 치유를 얻은 분, 또는 아이유의 음악을 사랑하는 모
든 분께 이 필사집이 또 다른 새로운 감동을 선사하기를 바랍니다.

사랑히 적어둔 글씨들

정예림　“그저 지은이기에 가장 찬란하게 빛이 나. 언제나 사랑해! 사랑하는 아이. YOU!”

이서연　“말도 안되는 이 사랑이 좋아”

황시은　“매일이 삐뚤은 동그라미 같아도 그 매일이 나름대로 꽤 괜찮은 하루였을거야”

박규민　“한순간도 지은이에게 눈 뗄 수 없었나 봐요”

이유빈　“내가 언니의 한 스쿱의 추억이 되고싶어”

이나윤　“오늘도 우리만의 사랑으로 승리를 이루자”

권은세　“홀로 걷는 너의 뒤에 항상 있을게”

이채빈　“지은 언니와 함께 써나갈 다음 페이지를 잘 부탁해”

박소연　“참나 지은 완벽해 어질해 언제나 함께해”

정은이원숭이　“Loving till the end 멈추지 않아 이 사랑”

정다미　“매년 바뀌는 계절을 함께하는 우리, 다정함은 늘 그대로라는 걸, 늘 언니 곁에서 각자 여러 형태로 사랑을 보낸다는 걸 알아줘. 사랑해!”

이재은　“우리 사랑이 다 이겨! 아이유애나 평생 우리만의 승리를, 사랑을 이루자”

정유이　“우리 지은이는 여기 반짝 살아있어요 영영 살아있어요”

홍석용　“혼자 수없이 보낸 줄 알았던 모든 계절과 시간을 되돌아보니 그대가 전해준 수많은 마음이 내 곁에 있어주었네요. 그 시간
　　　　모두 추억으로만 남기지 않고 당신에게도 나의 마음을 전해드립니다.”

김주희　“지친 숨소리가 잦아들 때까지 소란한 아이유의 밤을 지킬게”

김수연　“언니를 알게되어 너무 행복했어요 앞으로도 같이 행복합니다아”

성주경　“톡톡 살다보면 또 만나게 될거에요♡”

정성주　“삶이라는 파도 위에서 지겹게 봐요”

이소연　“소중한 이 하루 이 지금 그리고 아이유애나”

김소율　“언제나 지은이만 바라볼께♡”

이승아　“사랑이 온거야 지은언니와 나 말이야 지은언니가 좋아 정말 못 견딜 만큼”

김수연　“언니 요즘에는 잘 자고 계신가요”

김선아　“지은이는 더 행복할 자격이 있어”

공다예　“앞으로 더욱 더 큰 세상으로 나아갈, 유애나의 아이유를 믿어!”

김현태　“내 맘 속에 아이유는 살아있는 꿈이죠”

이은선　“미친 사랑 때문에 유애나는 아이유를 사랑할 수밖에 없어요~”

피호은　“어떻게 나에게 아이유라는 행운이 온걸까”

김혜경　“이 계절에 언니를 사랑하며 얼룩을 남길 수 있게 해줘서 고마워요!”

이태현　“삶에게 질때, 유애나를 떠올려줘”

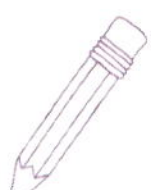

이수　"모든 함께할 날들을 다 보여줄게 기대해!"

박연서　"이번 정거장에서 너를 만나게 되었어"

백태웅　"덕분에 곁에 있는 모든 것들이 아름답게 보여요"

김현지　"네 모든 날들의 어느 열렬한 유애나될께"

최수아　"다만 꺼지지 않는 유애나가 여기 반짝 옆에있어요. 영영 응원하고있어요"

강지오　"백만송이 장미꽃을 피워준 아이유 사랑해"

이진솔　"잊지마 지금까지 아이유와 유애나가 함께한 모든 시간들을 그리고 앞으로 함께할 우리의 모든 시간들을"

희　"함께였던 이 지금, 앞으로 함께할 순간, 그 모든 날들의"

주은　"Singing till the end 그치지 않을 나의 응원! 아이유를 위해 부를게"

오수진　"그 밤 나의 기억은 황홀했고 웃음짓는 색이었어 나의 눈에 비친 언니 모습이 어찌나 소중하던지"

원서정　"어떤 꿈을 마주했는지 네게 들려줄게, 언제나의 아침처럼."

강하경　"지은이의 한 마디 말과 그 웃음도 우리에겐 커다란 의미♡"

반지영　"아이율 전부 기억할테니까"

최수아　"지은 언니와 함께 겁 없이 저물어줄게"

한석구　"내마음에 꼭 맞는 새 신발을 신고 지은이에게 바로 걸어갈께"

김서윤　"띄어쓰기없이보낼게내가많이사랑해요"

양예빈　"다시 마주하기 어려운 행운이야 우리의 지은이 IU"

손가희　"난 나의 아이유를 믿어"

장세준　"고개를 들어 바라본 그곳에 유애나가 있어줄게요"

전현옥　"다 지나가더라. 예전처럼 잠도 잘 자게 되더라"

이도헌　"아이유를 알게 되어서, 나의 삶의 어느 지점에 우리가 함께였음이 여전히 자랑이 되고 얼마나 추억되는지"

도우형　"어떻게 나에게 지은이란 행운이 온 걸까"

김은총　"곱빼기로 줄 수 있어"

이수익　"영원한 아이유의 관객이 될게, 영원히 유애나의 관객이 되아주세요"

Katie　"지은언니, I'll be there for you always, 모두가 언니에게 등을 돌린다 해도 나는 언제나 언니를 사랑하고 응원할 거예요~"

김동건　"제대로 잘 먹어 다 지나가니까 예전처럼 잠도 잘 자게 될거야 진심으로 빌게 지은이누난 더 행복할 자격이 있어"

정유조　"이 야광완상은 너덜너딜 색이 비랬지만 나에겐 전보다 더 맘에드는 색이야"

노현우　"그 모든 날들의 어느 열렬한 아이유의 관객이 될게"

공소진　"내가 지은이의 빛이 되어줄께"

이윤주　"저묾에 순간에도 겁 없이, 아이유와 함께 사랑으로 저물어 갈게요"

사랑히 적어둔 글씨들

이기백　"길을 잃어도 아이유와 또각또각 또 가볍게 걸어"

우나현　"여전히 예쁜 지은이는 매년 유애나에게 봄이 되어 오는구나"

김혜린　"앞으로 더 큰 세상을 행복을 지은언니에게 안겨줄게"

김경호　"내가 뭐라고 말하는 아이유에게 너의 관객이될게"

아봄　"매년 네 번의 계절들과 열두 달의 시간을 지은 님과 숨이 차게 매일 사랑하며 사랑하며 함께 할게요"

elizabeth　"아이유를 알게 되어서 참기뻐"

이어진　"녹아내린 고드름 아래 예쁜 장미꽃을 피울게요"

오영근　"끝없이 길고 짙었던 밤 사이로 밝아오는 새벽에 네 간절한 소원이 이루어졌어"

이선영　"비틀거려도 계속 똑바르게 걸어서 너에게 갈게"

이다연　"지은언니의 열렬한 관객이 될게!"

유승주　"우리 누구보다 밝고, 아름답게 저물어봐요"

곽윤아　"지은이에게 받은게 많아서 나의 마음을 드려요"

Qiuxian　"저기 멀리 from Earth to Mars 징니랑 꼭 같이 가고 싶어"

안준　"언제나 아이유의 관객이 되어줄게"

김도희　"가장 힘든 순간에 기억처럼 들려오는 당신의 목소리"

강수진　"난 나의 언니를 믿어"

임윤지　"그냥 걷기만 하는 발 대신에 지은 웃음을 꼭 갖고 싶어"

박도연　"어떤 이유로 내게 와 함께 있어준 지은이"

최윤서　"꺼지지 않는 아이유애나의 사랑이 여기 반짝 살아있어요"

송민경　"단조로운 색이 가득하던 내 캔버스에 다양한 색으로 빼곡히 채운 Palette를 선물해준 지은언니"

김가영　"strawberry moon 떠오르는 날 세로질러 만나자"

전소은　"우리는 몇 번이라도 아이유의 이름을 부르게"

김윤서　"유애나들이 지은이의 지금이 되어줄게"

Lairyll Price　"I don't speak Korean, but IU unnie, your songs comfort me like a lullaby and encourage me like a cheer, despite the difference in language."

박성아　"내가 징니언니의 반딧불이되어 언니의 곁을지켜줄깨"

조윤희　"삭(朔)이 있는 날에도 달은 곁에 있는 것처럼, 아이유와 유애나가 시간과 장소를 함께하지 않아도 우리는 언제나 아이유애나야."

전혜영　"삶이 더 완벽한 이유, 지은이"

성현호　"길 잃은 한국인의 공유뉴런…"

조성주   "당신을 떠올리는것만으로 그럴 자격이 정말 생긴 것 같아요"

김강희   "그날 나도 내가 어떤 꿈을 꾸었는지 들려줄게"

김주은   "내 마지막 판타지 아이유 참 좋다"

박은주   "언니가 불러주어서 너무 어두운 밤을 끝없이 걷고 있던 제게 닿았고, 열심히 걸어 나왔어요."

구예준   "지은이가 모은 사랑스런 대화 조그맣게 움을 트는 마음"

우수진   "지은언니를 알게 되어서 기뻤는지 지은언니를 사랑해서 좋았었는지 유애나 위해 불렀던 지나간 노래들이 여전히 위로가 되는지"

이은후   "어떻게 나에게 지은언니란 행운이 온걸까"

금해경   "서투른 걸음이지만 언니 말대로 점선을 따라 가다보니 저만의 별을 찾았어요☆"

조예리   "모든 말을 다 꺼내어 줄 순 없지만 영원한 언니의 관객이 되겠다는 말은 꺼내어 줄게요"

박정윤   "엉망이 될 것만 같은 예감은 전혀 끔찍하지 않아. 엉망이 된다 한들 그게 아이유 옆이라면 그게 뭔들 암오케."

이하선   "지은언니만의 관객, 빛인 유애나가 되길원해"

강혜솔   "눈치 안 보고 당당히 지은이에게 사랑한다고 고백할래"

이은찬   "아이유의 모든 날들의 어느 열렬한 관객이 될게"

빈효정   "행복하다 행복해 지금의 시간엔 행복하다"

박성욱   "지은이의 노래는 내 맘에 영영 살아 있어요"

이지우   "아이유를 알게 되어서 기뻤다고 아이유를 사랑해서 좋은날 이라고 깊은 잠에 들어서 어떤꿈을 꿨는지 들려줄게요 들어 줄 거지요?"

성수현   "언니 덕분에 다시 헤매더라도 돌아오는 길을 아는 어른이 됐어요"

이호준   "앞으로 수많은 몇 송이 봄, 몇 컵의 여름, 몇 장의 가을, 몇 숨의 겨울 동안을 서로의 관객이 되어주자"

김경운   "내년콘서트에 꼭 ,너만의 승리를 이뤄서 다시 아이유를 찾아갈게요"

최한결   "진심으로 빌게 지은인 더 행복할 자격이 있어"

장진이   "퇴장도 그 누구보다 꼿꼿할 아이유를 위해 언제나 힘찬 박수와 변함 없는 사랑을 건넬게"

김민서   "멀어도 들을수있고 빨라도 따라갈수있고 힘들어도 웃을수있어 지은아 너만의 보폭으로 가."

김나윤   "아이유의 관객이 되어 줄게요"

위나래   "오랜시간 아이유가 되기위해 아팠을 지은이에게"

김소현   "눈에 고인 눈물에 또렷해지듯 서로를 바라보던 눈, 선구름 사이에서도 선명한 우리의 목소리, 가장 푸르던 그 때를 기억하며
　　　　 함께 머무르자"

정원규   "네가 우리의 사랑이듯, 우리도 너의 자랑이길"

심수민   "짧지 않은 당신과의 기억들을 바탕으로 오늘도 행복하게 살아가요."

김소안   "삶의 어느 지점에 유애나로 함께였음이 영원한 내 자랑이라고♡"

홍수빈   "백만송이장미꽃을, 지은이랑 같이 피워볼래!"

사랑히 적어둔 글씨들

하효정 "토-닥 토-닥 여기서는 얼마든지 쉬었다 가도 돼"

황세연 "항상 내가 부지런히 뛰어 기다릴게"

이서윤 "언니덕분에 좋은꿈을 꿨어"

이채은 "첫만남 그날처럼 예쁘다고 말해줄게"

김라은 "나의 마음은 아이유로 가득 차있어"

이선호 "행여 시간이 흐르고 흘러 네가 조금은 잊혀지는 날이 오더라도, 우리가 너의 이름을 멈추지 않고 외칠게"

이창호 "내가 줄 수 있는 것 중 가장 소중한 마음을 줄게요"

김소연 "오늘은 무서운 꿈 없는 평온한 밤일 거야"

장희선 "그대가는 모든 길에 지치지 않도록 선선한 바람을 따라 설렘이 가득한 목소리가 되어 줄게요"

이슬기 "언니 말대로 비틀거려도 똑바르게 걸으니 가끔씩 찾아오는 좋은 날들 이게 다 언니 덕분이야"

성예린 "아이유가 지칠때면 유애'나'의 무릎을 빌려줄게 :)"

류주현 "언제나 기다릴게 반드시 우리는 서로를 찾을거야"

정은희 "길었던 무수한 밤들을 위로해줘서 고마워"

고수지 "어두운 밤이 길어지더라도 오래 기다리고 반드시 언니를 찾을게"

이효진 "지은이에게 가득히 채워 띄어쓰기없이보낼께사랑인것같애"

노유진 "지은이는 그렇게 모든 순간 내게로 와 눈부신 선물이 되었어, 고마워♥"

김윤아 "내 삶의 일부를 아이유와 함께하고 있는 건 언제나 자랑이야"

강지유 "지은이의 모든 날들의 어느 열렬한 관객이 될게!"

구아람 "오, 아이유 자체로의 충분히 의미가 있지요~"

이지빈 "나의 가장 애정하는 사람, 나의 달링, 나의 우주인 지은언니! 유애나를 언니가 있는 어디든지 데려가줄래?"

반디 "그림처럼 맑게 번진 여름 안에 오롯이 또렷한 아이유애나"

곽의산 "아이유가 오래 찾던 외로움의 반댓말은 바로 우리"

유다겸 "지은이와 나의 판타지는 우리의 가슴속에 영원히"

권유원 "너와 함께 영원히 저물어줄게"

홍지민 "10년이 지나도 20년이 지나도, 언제나처럼 아이유의 관객이 되어 묵묵히 곁을 지킬게"

오렌지섬 "그곳이 어디든 아이유와 함께 겁 없이 저물게"

양민호 "아이유의 작사,작곡 직접한 노래들은 모든 노래가 좋지만 관객이 될게는 진짜 유애나를 위한곡이라 너무 좋아요"

아유미 "저는 일본의 유애나입니다. 저는 대학에서 음악을 배우다가 실전 전 등 여러 번 자신감을 잃어 불안한 적이 있었어요 근데 그럴 때는 항상 '관객이 될게'듣고 있었어요. '관객이 될게'는 저에게 부적 같은 곡입니다."

송승현 "추억만 남지 않게 네 번의 계절들과 열두 달의 시간을 넘어 저 끝까지 아이유와 함께할게."

김송이 "아이유도 지은이도 나에겐 항상 커다란 의미야♡"

김혜진 "나에게 너를 맡겨볼래, 너를 사랑하는 나에게"

장다해 "짧지 않은 아이유와 유애나의 기억들이 조금은 아이유를 웃게 하는지"

Celeste Yang "삶에게 지는 날들이 있어도 이지은님의 노래를 듣고 돌아가는 길을 찾게 되었습니다"

김하연 "언제나 무릎을 내어줄게"

한지빈 "어느 곳이든 헤매지 않도록 크게 아이유의 이름을 불러 줄게"

손다영 "항상 꺼지지 않을 작은 불빛 유애나가 반짝 살아있어요"

박성균 "망설이지 않고 용기 내서 다가가 볼게"

조은별 "언제부턴가 급격하게 경고음 울리던 애플워치 조명이 켜진 공연장에 심장 터지는 나는 팔이 빠지게 응원봉 흔들 준비완료!"

김혜지 "잊지마요 행복한 날도 살다 지치는 날도 모두 언니의 곁에 우리가 있다는 걸"

채부길 "같이 울고 같이 웃고 같이 행복하자"

전은지 "손틈새로 비치는 아이유 참 좋다 ! 평생 할머니 되서도 외쳐줄게"

지유 "あなたも私ももっと幸せになる資格がある"

김성진 "길을 잃을 때마다 항상 힘이 되어 준 지은이에게 감사해"

MOMO "지은이 맘 가는 그대로 지금 유애나 손을 잡아"

최정윤 "영원히 유애나로서 지은이와 함께 끝까지 갈 거야"

신디 "나 이제껏 모르던 아이유 함께 세상을 욕심 내볼래"

권윤오 "유난히 긴 밤을 걷는 널 위해 들게"

윤예강 "함께 가자 아이유"

이주하 "길을 잃어버릴지라도 아이유라는 목적지에 도착할거야"

Agnes "이 세상 어느 순간, 아이유가 내게 와서 눈부신 선물이 돼"

미사 "우리를 알아주지 않으셔도 우리를 찾아오지 않으셔도 돼요. 아이유 언니를 생각하는 마음은 여기 영영 살아있어요."

김영선 "나의 보폭으로 지은이에게 갈게. 조금 늦어도 끝까지 똑바르게 걸어서 옆에 있을거야"

yoshito "저는 일본 사람입니다. 아이유 네가 좋아."

솔 "당신을 만난 이후에는 모든 날이 그랬다는 걸"

허예은 "비뚤은 동그라미 같은 날들을 그리며 또박또박 또 바르게 걸어가볼게! 툭툭 살다가 또 만나"

유길상 "언제나 자유롭게 날아다닐 지은이와 함께할게"

이아현 "아이유를 응원하는 꺼지지 않는 작은 불빛이 되어, 언제까지나 반짝 살아 있을게요."

정솔이 "지은이 아이유랑 유애나랑 Love wins all♡"

민준영 "나의 가난한 상상력에 무한한 가능성을 담아주는 영원한 요정, 이안두(landU)! 언제나 너와 나를 위해 노래해줘요♡"

목차

I 난 '나'의 보폭으로 갈게

U '너'의 관객이 될게

♡ '사랑'이라는 한편의 시

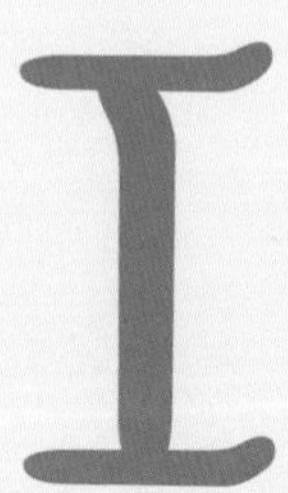

난 '나'의 보폭으로 갈게

'불안하면서 근사해 보이게 사느니,
그냥 초라하더라도 마음 편하게 살아야지'라는 생각을 했어요.

혼자 있는 방

작사 아이유, 최갑원 | 앨범 Real | 발매일 2010.12.09.

Music Audio

때 지난 이 빗소리만 귓가에 주르륵 주르륵 들려와

눈물이 비가 좋은지 따라서 스르륵 스르륵 흘러가

헤어진 이후 기다리는 이유 아직도 나는 잘 모르겠어

네가 날 떠나 안 올까 봐 겁나 두 팔로 내가 나를 안고 있나 봐

혼자 있는 방 아무도 아무 것도 안 보여 너무 어두워

혼자 우는 밤 하늘의 별도 달도 슬퍼 잠이 들어 (점점 흐릿해져)

네 얼굴이 떠올라 내내 기다리다 또 눈물이 나 보고 싶다고

혼잣말 하던 메마른 내 입술에 너의 숨결이 닿기를

조용히 소리도 없이 날마다 자꾸만 잠든 날 흔들지

조금씩 좀 더 가까이 누군가 다가와 눈 뜬 날 부르지

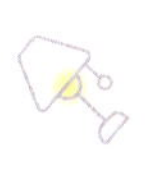

내 앞에 있는 바로 앞에 있는 너에게 손을 뻗어 내밀면

그 손 틈새로 빠져나간 채로 잘 자란 말도 없이 사라져만 가

혼자 있는 방 아무도 아무 것도 안 보여 너무 어두워

혼자 우는 밤 하늘의 별도 달도 슬퍼 잠이 들어

네 얼굴이 떠올라 내내 기다리다 또 눈물이 나 보고 싶다고

혼잣말 하던 메마른 내 입술에 숨결이 닿기를

기나긴 시간이 지난 일 매일 한 가지만 기도해

지금까지 보다 더 늦기 전에 이젠 내게 돌아와 빌고 또 빌잖아

혼자 있는 방 아무도 아무 것도 안 보여 너무 어두워

혼자 우는 밤 하늘의 별도 달도 슬퍼 잠이 들어

네 얼굴이 떠올라 내내 기다리다 또 눈물이 나 보고 싶다고

혼잣말 하던 메마른 내 입술에 너의 숨결이 닿기를

Teacher (Feat. Ra.D)

작사 아이유, 라디(Ra. D) | 앨범 Last Fantasy | 발매일 2011.11.29

Music Audio

19세 아이유의 여러가지 생각과 고민들을 담은 곡이다.

키는 더 자라지 않는 것 같은데 시간은 자꾸만 재촉하네요

어른이 되기엔 아직 이른 저를 날마다 보채요

표정없는 얼굴 축 처진 어깨 수많은 어른들의 힘겨운 저 모습이

혹시 제 모습이 될까 봐 늘 겁이 났죠 어떻게 해야 좋을까요

Teacher 가르쳐줘요 서툴기만 한 저도 어른이 될까요

Teacher 가르쳐주세요 누구보다 행복하게 살래요

지금처럼 이렇게 말예요

Teacher 커다란 세상에 움츠러들면 어쩌죠 Teacher

어렴풋하게 그려왔던 상상속 멋진 모습은 아니더라도 어깨를 펼게요

아주 작은 고민과 약간의 걱정 말곤 모든 게 즐거운 지금의 내 모습이

사라져버릴까봐 늘 겁이 나요 어떻게 해야 좋을까요

Teacher 가르쳐줘요 서툴기만 한 저도 어른이 될까요

Teacher 가르쳐주세요 누구보다 행복하게 살래요

지금처럼

알 수 없는 미래는 누구에게나 두렵겠지만

괜찮을 것 같아 보여 지금 행복하다면

어른이 되어도 그렇게 다르지 않을 걸

모든 게 그렇듯 행복도 습관이거든

Teacher 가르쳐줘요 서툴기만 한 저도 어른이 될까요

Yes, you can be the one

Teacher 가르쳐주세요 누구보다 행복하게

Yes, you can Yes, you do Keep goin'

누구보다 행복하게 살래요 지금처럼

Teacher 가르쳐주세요 누구보다 행복하게 살래요

지금처럼 이렇게 말예요

길 잃은 강아지

작사 아이유 | 앨범 Last Fantasy | 발매일 2011.11.29

Music Audio

아이유가 오랜 시간 공을 들여 깊은 내면의 감성을 이끌어 내, 짙은 어둠이 느껴지는 곡이다.

눈 떠지는대로 일어나서 할 일 없이 눈만 깜빡이다

바쁘게 지나가는 사람들 눈에 나는 없어 내가 없어

Ooh 날 쳐다봐줘 안쓰러운 날 예뻐해줘

Ooh 나를 데려가줘

돌아가는 길을 몰라 그런게 있었나 몰라

이젠 여기가 내 자리 같아

그저 사랑받고 싶은 맘 큰 욕심은 아니잖아

아니잖아 아니잖아

Ooh 날 붙잡아줘 흐려지는 나를 찾아줘

Ooh 날 사랑해줘

돌아가는 길을 몰라 그런게 있었나 몰라 이젠 여기가 내 자리 같아

그저 사랑받고 싶은 맘 큰 욕심은 아니잖아 아니잖아 아니잖아

4AM

작사 아이유 | 앨범 Last Fantasy | 발매일 2011.11.29

Music Audio

영국의 싱어송라이터 '코린 베일리 래'의 곡에 아이유가 새벽 4시의 불안전한 감성의 가사를 입힌 곡이다.

일어난 건지 아직 잠들지 못한 건지

당장이 내일인지 오늘인지 어젠지도 모르는 그때

4AM Rain again

그저 소릴 듣고 있지 가사 없이 흥얼거리지

촉촉한 그 멜로디 정신없이 어지러운 비트

해가 뜨면 흔적없이 모두 잊혀지겠지

조금 무거워진 머리엔 대답할 수 없는 질문들

일렁이는 자동차들 불빛을 세어봐도 세상엔 나뿐인듯해

4AM Never end

시곗바늘만 바라보네 연락할 누군가도 없이

작아지는 빗소리 I just sing for me the lullaby

눈을 뜨면 흔적없이 모두 잊혀지겠지

4AM Rain again

그저 소릴 듣고 있지 가사 없이 흥얼거리지

촉촉한 그 멜로디 정신없이 어지러운 비트

해가 뜨면 흔적없이 모두 잊혀지겠지

싫은 날

작사 아이유 | 앨범 Modern Times | 발매일 2013.10.08

누군가의 친절함이나 따뜻함이 오히려 스스로를 더 비참하고 춥게 만들 때 자신이 정말 못나게 느껴진다고 한다. 삐뚤어진 자신이 싫은 날에 관한 곡이다.

키 큰 전봇대 조명 아래

나 혼자 집에 돌아가는 길

가기 싫다 쓸쓸한 대사 한 마디

점점 느려지는 발걸음

동네 몇 바퀴를 빙빙 돌다 결국

도착한 대문 앞에 서서

열쇠를 만지작 만지작

아무 소리도 없는 방 그 안에 난 외톨이

어딘가 불안해 TV 소리를 키워봐도

저 사람들은 왜 웃고 있는 거야

아주 깜깜한 비나 내렸음 좋겠네 좋겠네

텅 빈 놀이터 벤치에 누군가 다녀간 온기

왜 따뜻함이 날 더 춥게 만드는 거야

웅크린 어깨에 얼굴을 묻다가

주머니 속에 감춘 두 손이 시리네

어제보다 찬 바람이 불어 이불을 끌어당겨도

더 파고든 바람이 구석구석 춥게 만들어

전원이 꺼진 것 같은 기척도 없는 창 밖을

바라보며 의미 없는 숨을 쉬고

한 겨울보다 차가운 내 방 손 끝까지 시린 공기

봄이 오지 않으면 그게 차라리 나을까

내 방 고드름도 녹을까 햇볕 드는 좋은 날 오면은

기다려

작사 아이유 | **앨범** Modern Times | **발매일** 2013.10.08

Music Audio

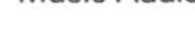

아이유가 자신의 다른 모습을 꺼내어보는 설정을 제시해 엔딩 파트에 짧은 가사를 넣은 곡이다.

이 느낌이 아냐

깊숙이 숨겨놓은 그 아일 불러줘

조금 더 내게 불친절 해도 돼

다문 입술이 열리는 순간을 난 기다려

착한 얼굴이 일그러지는 순간을 기다려

기다려

스물셋

작사 아이유 | 앨범 CHAT-SHIRE | 발매일 2015.10.23

Music Video

여러 개의 보기 중 오답은 없다. 무엇을 골라도 답이며 그저 당신이 뭘 믿고 싶은지에 달렸다는 의미를 담은 가사의 곡이다.

I'm twenty three 난 수수께끼 Question 뭐게요 맞혀봐요

I'm twenty three 틀리지 말기 Because 난 몹시 예민해요

맞혀봐

한 떨기* 스물셋 좀 아가씨 태가 나네

다 큰 척해도 적당히 믿어줘요

얄미운 스물셋 아직 한참 멀었다 얘

덜 자란 척해도 대충 속아줘요

난 그래 확실히 지금이 좋아요

아냐 아냐

사실은 때려 치고 싶어요

아 알겠어요

나는 사랑이 하고 싶어

아니 돈이나 많이 벌래

맞혀봐

* 떨기 무더기가 된 꽃이나 풀 따위를 세는 단위.

어느 쪽이게 얼굴만 보면 몰라

속마음과 다른 표정을 짓는 일 아주 간단하거든

어느 쪽이게 사실은 나도 몰라

애초에 나는 단 한 줄의 거짓말도 쓴 적이 없거든

여우인 척 하는 곰인 척 하는 여우 아니면 아예 다른 거

어느 쪽이게 뭐든 한 쪽을 골라

색안경 안에 비춰지는 거 뭐 이제 익숙하거든

Check it out

겁나는 게 없어요 엉망으로 굴어도

사람들은 내게 매일 친절해요

인사하는 저 여자 모퉁이를 돌고도

아직 웃고 있을까 늘 불안해요

난 영원히 아이로 남고 싶어요

아니 아니

물기 있는 여자가 될래요

아 정했어요

난 죽은 듯이 살래요

아냐 다 뒤집어 볼래

맞혀봐

어느 쪽이게 얼굴만 보면 몰라

속마음과 다른 표정을 짓는 일 아주 간단하거든

어느 쪽이게 사실은 나도 몰라

애초에 나는 단 한 줄의 거짓말도 쓴 적이 없거든

여우인 척 하는 곰인 척 하는 여우 아니면 아예 다른 거

어느 쪽이게 뭐든 한 쪽을 골라

색안경 안에 비춰지는 거 뭐 이제 익숙하거든

난 당신 맘에 들고 싶어요

아주 살짝만 얄밉게 해도 돼요

난 당신 맘에 들고 싶어요

자기 머리 꼭대기 위에서 놀아도 돼요

맞혀봐

어느 쪽이게 얼굴만 보면 몰라

속마음과 다른 표정을 짓는 일 아주 간단하거든

어느 쪽이게 사실은 나도 몰라

애초에 나는 단 한 줄의 거짓말도 쓴 적이 없거든

여우인 척 하는 곰인 척 하는 여우 아니면 아예 다른 거

어느 쪽이게 뭐든 한 쪽을 골라

색안경 안에 비춰지는 거 뭐 이제 익숙하거든

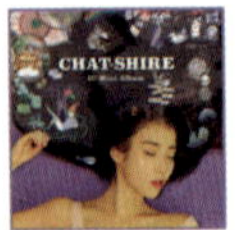

무릎

Music Audio

작사 아이유 | 앨범 CHAT-SHIRE | 발매일 2015.10.23

커다란 어른의 손에 어딘가로 옮겨지는 줄도 모르고 꿈도 없는 깊은 잠을 자던 어린 시절. 잠을 설치고 점점 더 많은 것을 경계하게 되는 것이 슬퍼지는 가사를 담은 곡이다.

모두 잠드는 밤에 혼자 우두커니 앉아

다 지나버린 오늘을 보내지 못하고서 깨어있어

누굴 기다리나 아직 할 일이 남아 있었던가

그것도 아니면 돌아가고 싶은 그리운 자리를 떠올리나

무릎을 베고 누우면

나 아주 어릴 적 그랬던 것처럼 머리칼을 넘겨줘요

그 좋은 손길에

까무룩* 잠이 들어도 잠시만 그대로 두어요

깨우지 말아요 아주 깊은 잠을 잘 거예요

* **까무룩** 정신이 갑자기 흐려지는 모양.

무릎 **작사** 아이유 | **앨범** CHAT-SHIRE | **발매일** 2015.10.23

조용하던 두 눈을 다시 나에게 내리면

나 그때처럼 말갛게* 웃어 보일 수 있을까

나 지친 것 같아 이 정도면 오래 버틴 것 같아

그대 있는 곳에 돌아갈 수 있는 지름길이 있다면 좋겠어

무릎을 베고 누우면

나 아주 어릴 적 그랬던 것처럼 머리칼을 넘겨줘요

그 좋은 손길에

까무룩 잠이 들어도 잠시만 그대로 두어요

깨우지 말아요 아주 깊은 잠을 잘 거예요

스르르르륵 스르르

깊은 잠을 잘 거예요

스르르르륵 스르르

깊은 잠을

---

* **말갛게** 산뜻하게 맑게.

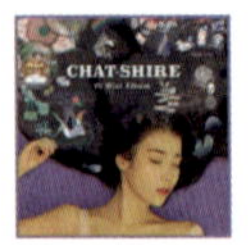

안경

작사 아이유 | 앨범 CHAT-SHIRE | 발매일 2015.10.23

Music Audio

뭐든지 자세히 보려고 하거나 완벽하게 알려는 것이 꼭 좋은 것 만은 아닐 수 있다. 멀찍이 보고 대충 아는게 사는데 더 좋을 수도 있겠다는 내용을 담은 곡이다.

웃고 있는 그 표정 너머에 진심까지 꿰뚫어 볼 순 없어요

그저 따라서 웃으면 그만

누군가 힌트를 적어 놨어도 너무 작아서 읽을 수가 없어요

차근차근히 푸는 수밖에

그렇다 해도 안경을 쓰지는 않으려고요

하루 온종일 눈을 뜨면 당장 보이는 것만 보고 살기도 바쁜데

나는 지금도 충분히 피곤해

까만 속마음까지 보고 싶지 않아

나는 안 그래도 충분히 피곤해

더 작은 글씨까지 읽고 싶지 않아

안경

작사 아이유 | 앨범 CHAT-SHIRE | 발매일 2015.10.23

공들여 감춰놓은 약점을 짓궂게 찾아내고 싶진 않아요

그저 적당히 속으면 그만

무지개 뒤편엔 뭐가 있는지 너무 멀어서 보이지가 않아요

대단한 걸 상상할 수밖에

그렇다 해도 안경을 쓰지는 않으려고요

속고 속이고 그러다 또 믿고 상상을 하고 실망하기도 바쁜데

나는 지금도 충분히 피곤해

누구의 흠까지 궁금하지 않아

나는 지금도 충분히 피곤해

좀 더 멀리까지 보고 싶지 않아

나는 지금도 충분히 피곤해

무거운 안경까지 쓰지 않을 거야

나는 안 그래도 충분히 피곤해

더 각진 안경까지 쓰지 않을 거야

이 지금

작사 아이유 | 앨범 Palette | 발매일 2017.04.21

Music Audio

깜짝 놀랄 만큼 빛이 나고 아름다운 건 다른 어느 것도 아닌 바로 지금, 여기, 우리라는 메시지를 담은 곡이다.

이건 비밀이야 아무에게도 고백하지 않았던

이야기를 들려주면 큰 눈으로 너는 묻지

How wow wow Whatever

나 실은 말이야 저기 아득한 미래로부터 날아왔어

쏟아질 듯이 빼곡한 별들 사이를 지나

Fly fly fly

있지 그곳도 사실 바보들 투성이야

아니 매우 반짝이는 건 오히려

Now now now

이 하루 이 지금 우리 눈부셔 아름다워

이 불꽃놀이는 끝나지 않을 거야

Ooh Whatever

이 지금   작사 아이유 | 앨범 Palette | 발매일 2017.04.21

흐린 날이면 거짓말처럼 무섭게 깜깜했지

새침데기 태양은 뜨겁기는 커녕

peacock Blue blue blue Whatever

매일매일 제멋대로인 바람결을 땋아서 만든

이 나침반이 가리킨 그곳에서 발견

Oh That's you you yes you

있지 저런 건 그저 자그만 돌멩이야

빛이 나는 건 여기 있잖아

Life is cool cool cool

시간은 많아 이대로면 아마 영원히 살 수 있지 않을까

안녕 나의 주인공 그래 너를 만나러 나

짜잔 우아하게 등장

바로 이 하루 이 지금 우리 눈부셔 아름다워

나는 확실히 알아 오늘의 불꽃놀이는

끝나지 않을 거야

더 놀라운 건 지금부터야

팔레트 (Feat. G-DRAGON)

작사 아이유 | 앨범 Palette | 발매일 2017.04.21

Music Video

본인이 좋아하는 것을 또박또박 짚어내며 스물다섯이라는 나이 또는 청춘이 가지는 그 아름다움과 찬란함을 주제로 담은 곡이다.

이상하게도 요즘엔 그냥 쉬운 게 좋아

하긴 그래도 여전히 코린 음악은 좋더라

Hot Pink 보다 진한 보라색을 더 좋아해

또 뭐더라 단추 있는 Pajamas Lipstick

좀 짓궂은 장난들

I like it I'm twenty five 날 좋아하는 거 알아

I got this I'm truly fine 이제 조금 알 것 같아 날

긴 머리보다 반듯이 자른 단발이 좋아

하긴 그래도 좋은 날 부를 땐 참 예뻤더라

오 왜 그럴까 조금 촌스러운 걸 좋아해

그림보다 빼곡히 채운 Palette 일기

잠들었던 시간들

I like it I'm twenty five 날 미워하는 거 알아

I got this I'm truly fine 이제 조금 알 것 같아 날

어려서 모든 게 어려워 잔소리에 매 서러워 꾸중만 듣던 철부지 애

겨우 스무고개 넘어 기쁨도 잠시 어머 아프니까 웬 청춘이래

지은아 오빠는 말이야 지금 막 서른인데

나는 절대로 아니야 근데 막 어른이 돼

아직도 한참 멀었는데 너보다 다섯 살 밖에 안 먹었는데

스물 위 서른 아래 고맘때 Right there

애도 어른도 아닌 나이 때 그저 나일 때

가장 찬란하게 빛이 나 어둠이 드리워질 때도 겁내지 마

너무 아름다워서 꽃잎 활짝 펴서 언제나 사랑 받는 아이 YOU

Palette 일기 잠들었던 시간들

I like it I'm twenty five 날 좋아하는 거 알아

I got this I'm truly fine 이제 조금 알 것 같아 날

아직 할 말이 많아

I like it I'm twenty five 날 미워하는 거 알아

I got this I've truly found 이제 조금 알 것 같아 날

잼잼

Music Audio

작사 아이유, 선우정아 | **앨범** Palette | **발매일** 2017.04.21

사랑에 대한 냉소적이고도 애절한 고찰이 눈길을 끄는 곡이다.

알 만한 사람끼리 이 정도 거짓말엔

속아주는 게 예의 아닌가요

될래 그깟 멍청이 뭐든 해봐요 우리

생각할 겨를조차 주지 마요

설탕이 필요해

난 몸에 나쁜 게 좀 필요해

뜨뜻미지근한 건 그만해

막 솔직하겠다고 그게 뭐라고

I need some sugar I need something fake

진심이란 게 뭐야 난 상관 안 해

둘 다 알잖아 Limit 곧 끝날 텐데

식기 전에 날 부디 한껏 녹여줘 Babe

덮고 그 위에 다시 얹고 또다시 × 4

잼잼 작사 아이유, 선우정아 | 앨범 Palette | 발매일 2017.04.21

알 만한 사람끼리 이 정도 거짓말엔

속아주는 게 예의 아닌가요

될래 그깟 멍청이 뭐든 해봐요 우리

생각할 겨를조차 주지 마요

Jam 설탕 탕 탕 사랑 랑 랑 x 2

사랑한다고 해

입에 발린 말을 해 예쁘게

끈적끈적 절여서 보관할게

썩지 않게 아주 오래

I need some sugar I need something fake

천연 그런 거 몰라 자극적이게

굳이 알려고 하지 말자

의미 그놈의 의미 어서 다 녹여줘 Babe

덮고 그 위에 다시 얹고 또다시 x 4

Jam 아주 형체도 알아볼 수 없게

Jam 이것 봐 온몸에 묻었어

사랑 사랑 사랑

잼잼　작사 아이유, 선우정아　|　**앨범** Palette　|　**발매일** 2017.04.21

Jam Baby make me be sweet

Baby make me so sweet baby

Jam Oh Baby make me be sweet

Baby make me so sweet

알 만한 사람끼리 이 정도 거짓말엔

속아주는 게 예의 아닌가요

될래 그깟 멍청이 뭐든 해봐요 우리

멍청이 우린

생각할 겨를조차 주지 마요

덮고 그 위에 다시 얹고 또다시 x 4

Black Out

작사 아이유 | 앨범 Palette | 발매일 2017.04.21

놔 봐 나 완벽해 멀쩡해 집에 안 가도 돼

정말 구구단도 가능해 칠칠에 사십구

안 믿는 거 다 알아 Nothing special

기분 좋아서 그래 Something special

절대 나 괜찮아 맹세해 아 너나 좀 잘해

어머 쟤네 둘이서 키스해 하라지 뭐 어때

가서 아무나 안아 Nothing special

기분 좋아서 그래 Something special

샌디에이고나 산티아고나 너는 상관없지

That she said Course course I don't care

오늘 다시 안 오겠지 당연히 올 리가 없지

여기부턴 기억 안 할래

Hey ms. 델러 웨이* I love your party

이리 와서 나의 키스를 받아줘

사랑이 많은 건 전혀 나쁜 게 아니래요

* ms. 델러 웨이 버지니아 울프가 쓴 소설 〈델러웨이 부인〉의 주인공과 같은 이름.

Black Out 작사 아이유 | 앨범 Palette | 발매일 2017.04.21

잠깐 바닥이 일어났어 나 진짜 억울해

봐봐 쟤 나한테 인사해 오지 마 위험해

이상하게 보지 마 Nothing special

기분 좋아서 그래 Something special

두 갈래로 보일 때는 대개는 왼쪽이 맞아

That he said But 나 멀쩡해

오늘 다시 안 오겠지 당연히 올 리가 없지

여기부턴 기억 안 할래

Hey 거기 DJ I love your music

도대체 나를 어떻게 한 거야

다스베이더*만 아니면 네가 내 첫사랑이야 Oh

Hey ms. 델러 웨이 I love your party

이리 와서 나의 키스를 받아줘

사랑이 많은 건 전혀 나쁜 게 아니래요

Hey 거기 DJ I love your music

도대체 나를 어떻게 한 거야

다스베이더만 아니면 네가 내 첫사랑이야 Oh

---

* **다스베이더** 영화 〈스타워즈〉에 등장하는 시스 군주.

마침표

작사 아이유 | **앨범** Palette | **발매일** 2017.04.21

Music Audio

갑자기 뽑혀나간 사랑니 자리를 오래도록 앓듯, 아직 마음은 아프더라도 이제는 정말 마침표를 찍겠다는 다짐을 담은 곡이다.

알고 있었어 무슨 말인지

무슨 마음인지 다 알아

하루 더 딱 하루만 더 미루고 싶었어

그래야겠지 결국 언젠간

제일 어려운 숙제를 해야지

마지막 인사가 이렇게 늦어서 미안

많이 보고 싶지만 널 다시는 만나지 않았음 좋겠어

아파 울지만 다신 너로 인해 웃지 않았음 좋겠어

한 움큼씩 나눴던 진심도

너무 쉬웠던 대답도

못 잊게 사랑한 여러 번의 계절도

안녕 모두 안녕

마침표 **작사** 아이유 | **앨범** Palette | **발매일** 2017.04.21

전부 알 것 같아도

더 이상의 이해는 없었음 좋겠어

묻고 싶지만 끝내

그 대답을 듣지 못했음 좋겠어

변함없이 정직한 두 눈도

약속한 겨울바다도

못 잊게 행복했던 어린 날의 나도

안녕 모두 안녕

안녕 모두

삐삐

작사 아이유 | **앨범** 삐삐 | **발매일** 2018.10.10

Music Video

관계에 있어 무례하게 선을 넘는 사람들에게 던지는 유쾌하고 간결한 경고의 메시지를 담은 곡이다.

Hi there 인사해 호들갑 없이

시작해요 서론 없이

스킨십은 사양할게요 back off back off

이대로 좋아요 balance balance

It's me 나예요 다를 거 없이

요즘엔 뭔가요 내 가십

탐색하는 불빛 scanner scanner

오늘은 몇 점인가요 jealous jealous

쟤는 대체 왜 저런 옷을 좋아한담

기분을 알 수 없는 저 표정은 뭐람

태가 달라진 건 아마 스트레스 때문인가

걱정이야 쟤도 참

Yellow C A R D

이 선 넘으면 침범이야 beep

매너는 여기까지

it's ma ma ma mine

Please keep the la la la line

Hello stuP I D

그 선 넘으면 정색이야 beep

Stop it 거리 유지해

cause we don't know know know know

Comma we don't owe owe owe owe anything

I don't care 당신의 비밀이 뭔지 저마다의 사정 역시

정중히 사양할게요 not my business

이대로 좋아요 talk talkless

삐삐 작사 아이유 | 앨범 삐삐 | 발매일 2018.10.10

Still me 또예요 놀랄 거 없이

I'm sure you're gonna say my gosh

바빠지는 눈빛 checki cheking

매일 틀린 그림 찾기 hash tagging

꼿꼿하게 걷다가 삐끗 넘어질라

다들 수군대는 걸 자긴 아나 몰라

요새 말이 많은 걔랑 어울린다나

문제야 쟤도 참

Yellow C A R D

이 선 넘으면 침범이야 beep

매너는 여기까지

it's ma ma ma mine

Please keep the la la la line

Hello stuP I D

그 선 넘으면 정색이야 beep

Stop it 거리 유지해

cause we don't know know know know

Comma we don't owe owe owe owe anything

편하게 하지 뭐 어 거기 너 내 말 알아 들어 어

I don't believe it

에이 아직 모를 걸 내 말 틀려 또 나만 나뻐 어

I don't believe it

깜빡이 켜 교양이 없어 너 knock knock knock

Enough 더 상대 안 해 block block block block block

잘 모르겠으면 이젠 좀 외워 babe

Repeat repeat 참 쉽지 right

Yellow C A R D

이 선 넘으면 침범이야 beep

매너는 여기까지

it's ma ma ma mine

Please keep the la la la line

Hello stuP I D

그 선 넘으면 정색이야 beep

Stop it 거리 유지해

cause we don't know know know know

Comma we don't owe owe owe owe anything

Blueming

Music Video

작사 아이유 ｜ **앨범** Love poem ｜ **발매일** 2019.11.18

◀◀　❙❙　▶▶

마음을 고백하기 직전, 사랑이 넘치는 마음을 표현한 곡이다.

뭐해? 라는 두 글자에

네가 보고 싶어 나의 속마음을 담아 우

이모티콘 하나하나 속에

달라지는 내 미묘한 심리를 알까 우

아니 바쁘지 않아 nothing no no

잠들어 있지 않아 insomnia nia nia

지금 다른 사람과 함께이지 않아 음 나도 너를 생각 중

우리의 네모 칸은 bloom 엄지손가락으로 장미꽃을 피워

향기에 취할 것 같아 우 오직 둘만의 비밀의 정원

I feel bloom I feel bloom I feel bloom

너에게 한 송이를 더 보내

밤샘 작업으로 업데이트

흥미로운 이 작품의 지은이 that's me 우

어쩜 이 관계의 클라이맥스

2막으로 넘어가기엔 지금이 good timing 우

같은 맘인 걸 알아 realize la lize

말을 고르지 말아 just reply la la ly

조금 장난스러운 나의 은유에 네 해석이 궁금해

우리의 색은 gray and blue 엄지손가락으로 말풍선을 띄워

금세 터질 것 같아 우 호흡이 가빠져 어지러워

I feel blue I feel blue I feel blue

너에게 가득히 채워

띄어쓰기없이보낼게사랑인것같애

백만송이장미꽃을 나랑피워볼래

꽃잎의 색은 우리 마음 가는 대로 칠해 시들 때도 예쁘게

우리의 네모 칸은 bloom 엄지손가락으로 장미꽃을 피워

향기에 취할 것 같아 우 오직 둘만의 비밀의 정원

I feel bloom I feel bloom I feel bloom

너에게 한 송이를 더 보내

라일락

작사 아이유 | 앨범 IU 5th Album 'LILAC' | 발매일 2021.03.25

Music Video

20대와의 마지막 안녕을 열렬히 사랑한 연인과의 기쁜 이별에 비유한 곡이다.

나리는 꽃가루에 눈이 따끔해 (아야)

눈물이 고여도 꾹 참을래

내 마음 한켠 비밀스런 오르골에 넣어두고서

영원히 되감을 순간이니까

우리 둘의 마지막 페이지를 잘 부탁해

어느 작별이 이보다 완벽할까

Love me only till this spring

오 라일락 꽃이 지는 날 good bye

이런 결말이 어울려 안녕 꽃잎 같은 안녕

하이얀 우리 봄날의 climax

아 얼마나 기쁜 일이야

Ooh ooh Love me only till this spring 봄바람처럼 x2

기분이 달아 콧노래 부르네 (랄라)

입꼬리는 살짝 올린 채

어쩜 이렇게 하늘은 더 바람은 또 완벽한 건지

오늘따라 내 모습 맘에 들어

처음 만난 그날처럼 예쁘다고 말해줄래

어느 이별이 이토록 달콤할까

Love resembles misty dream

오 라일락 꽃이 지는 날 good bye

이런 결말이 어울려

안녕 꽃잎 같은 안녕

하이얀 우리 봄날의 climax

아 얼마나 기쁜 일이야

Ooh ooh Love resembles misty dream 뜬구름처럼 x2

라일락

작사 아이유 | **앨범** IU 5th Album 'LILAC' | **발매일** 2021.03.25

너도 언젠가 날 잊게 될까

지금 표정과 오늘의 향기도

단잠 사이에 스쳐간 봄날의 꿈처럼

오 라일락 꽃이 지는 날 good bye

너의 대답이 날 울려 안녕 약속 같은 안녕

하이얀 우리 봄날에 climax 아 얼마나 기쁜 일이야

Ooh ooh Love me only untill this spring 봄바람처럼 x2

Ooh ooh Love resembles misty dream 뜬구름처럼 x2

Coin

작사 아이유 | 앨범 IU 5th Album 'LILAC' | 발매일 2021.03.25

Music Video

자극적인 것들은 대체할 수 없이 매력적이지만 결국 건강에 해롭다는 메시지를 담은 곡이다.

강자에게 더 세게 I love gamble

과감할수록 신세계 on my table

I'm sorry 세상이 원래 불공평해

So 더럽게 재미있지

Now I move I move I move I move I move Go ahead

I don't look no look no look no look no look

What's in my hand I said go

Baby 알잖아 내가 한 번 미치면 어디까지 가는지

마지막 게임이니만큼 후회 없는 실수를 저질러

I can't die I'm all-in

Born to be gambler

배운 적 없지 even no tutor

최악의 패를 가지고 싹 쓸어 한 수 배우고 싶음 더 예의 있게 굴어

승리를 손에 꽉 잡아 말아 쥐어 Worth more than jewels

저리 가서 놀아줘 It's no kids zone

매경기 살벌하게 난 목숨을 걸어 like a bullfight

Go vamos vamos vamos vamos vamos Go ahead

It's new rule new rule new rule new rule new rule

Watch your back I said go

Baby 알잖아 내가 지금 이 판에 도대체 뭘 거는지

마지막 betting이니만큼 엉망으로 테이블을 어질러

I can't die I'm all-in

Queen, Nicely done. My bad you lose.

구걸하지 않는 눈빛 우리 game의 rule

Come on, give it up. Wholly you lose.

끝내줄게 그만 여기서

I can't die I'm all-in

(It's my last no game no more no more)

I can't die I'm all-in

(It's my last no game no more no more)

I can't die I'm all-in

빈 컵 (Empty Cup)

작사 아이유 | 앨범 IU 5th Album 'LILAC' | 발매일 2021.03.25

Music Audio

먼저 자리에서 일어나는 여자를 차마 붙잡지 못하고 그 자리에 앉아있던 남자의 컵에는 넘칠 듯 가득 차 있던 커피 대신, 커피 자국만이 남아 있다는 메시지를 담은 곡이다.

창백한 눈으로 날 바라보는 넌 변함 없이 빛나

날 미치게 하던 그 눈을 더이상 사랑하지 않을 뿐야

아, 미안

억지로 내 맘을 돌려보려고 애쓰고 싶지가 않아

I'm sick of your love

Sick of your love Sick of your all

우리를 삼키는 따분함이 싫어

Too fed up with us

Fed up with us Fed up with all

마음대로 나를 비난하고 할퀴어

빈 컵 (Empty Cup)

타오르던 감정은 부스러기들로 남아

이런 가볍기도 하지 겨우 이게 다였나 봐

I'm sick of your love

Sick of your love Sick of your all

헤어짐을 미루는 익숙함이 싫어

Too fed up with us

Fed up with us Fed up with all

얼마든지 나를 미워하고 할퀴어

Sorry, I'm sick of your love

I'm sick of your love

Too sick of your love

I'm sick and tired of your all

Sick of this love

Just fed up with us and our love

Sick of your love

Just sick of this love

아이와 나의 바다

작사 아이유 | **앨범** IU 5th Album 'LILAC' | **발매일** 2021.03.25

Music Audio

◀◀   ❚❚   ▶▶

'내가 나를 온전히 사랑하지 못해 마음이 가난했던 밤들을 지나, 이제야 겨우 되찾은 나의 바다' 라는 메시지를 담은 곡이다.

그러나 시간이 지나도 아물지 않는 일들이 있지

내가 날 온전히 사랑하지 못해서 맘이 가난한 밤이야

거울 속에 마주친 얼굴이 어색해서

습관처럼 조용히 눈을 감아

밤이 되면 서둘러 내일로 가고 싶어

수많은 소원 아래 매일 다른 꿈을 꾸던

아이는 그렇게 오랜 시간

겨우 내가 되려고 아팠던 걸까

쌓이는 하루만큼 더 멀어져

우리는 화해할 수 없을 것 같아

나아지지 않을 것 같아

어린 날 내 맘엔 영원히 가물지 않는 바다가 있었지

이제는 흔적만이 남아 희미한 그곳엔

설렘으로 차오르던 나의 숨소리와

머리 위로 선선히 부는 바람

파도가 되어 어디로든 달려가고 싶어

작은 두려움 아래 천천히 두 눈을 뜨면

세상은 그렇게 모든 순간

내게로 와 눈부신 선물이 되고

숱하게 의심하던 나는 그제야

너에게 대답할 수 있을 것 같아

선 너머에 기억이 나를 부르고 있어

아주 오랜 시간 동안 잊고 있던 목소리에

물결을 거슬러 나 돌아가

내 안의 바다가 태어난 곳으로

휩쓸려 길을 잃어도 자유로와

더이상 날 가두는 어둠에 눈 감지 않아

두 번 다시 날 모른 척 하지 않아

그럼에도 여전히 가끔은 삶에게 지는 날들도 있겠지

또다시 헤매일지라도 돌아오는 길을 알아

어푸 (Ah puh)

작사 아이유, 이찬혁 | **앨범** IU 5th Album 'LILAC' | **발매일** 2021.03.25

Music Audio

결국에 인사하지만 앞으로도 어떤 연장선에 있을 거라는 포부를 담은 곡이다.

I'm such a good surfer 가라앉지 않기

비틀 비 비틀 거리다가 풍덩 uh

빠지더라도 구명복 따윈 졸업

I'm such a good surfer 휩쓸리지 않기

울렁 우 울렁 거리다가 throw up

게워내더라도 지는 건 난 못 참아

제일 높은 파도 올라타타 라차차우아

해일과 함께 사라질 타이밍 그건 내가 골라

무슨 소리 겁이 나기는, 재밌지 뭐

어어어 푸푸푸 또

허허허 우우우적

거거거 리더던 시 저저절 나라면

워어언 이 사람아 언제적 얘길 꺼내나

보란듯이 헤엄치기 처첨버벙

저저적 셔셔셔 또 저저적 셔셔셔

거거겁 없이 몸을 더더던 져져져

워어언 이 사람아 뭘 그렇게나 놀래나

더 재밌는 걸 보여줄게 When the wave has come

I'm a bubble maker 잔잔한 바다를

지긋 지 지긋 괴롭히는 villain uh

나이를 먹어도 이 버릇 남 못 줘 난

I'm a bubble maker 이제 이쯤이야

출렁 추 출렁 멀미도 suck it up

물 먹이더라도 이곳을 난 못 떠나

제일 높은 파도 올라타타 라차차우아

너울과 함께 부서질 타이밍 그건 내가 골라

무슨 소리 겁이 나기는, 재밌지 뭐

어어어 푸푸푸 또 허허허 우우우적

거거거 리더던 시 저저절 나라면

워어언 이 사람아 언제적 얘길 꺼내나

맨몸으로 헤엄치기 처첨버벙

어 또 보네 다음에 다시 만날 때까지

부디 행운을 빌어 지겹게 보자고

슬 가볼게 나 먼저 저기 물마루에

원 이 사람 참 뭘 그렇게나 놀래나

더 재밌는 걸 보여줄게

When the wave has come

저저적 셔셔셔 또 저저적 셔셔셔

거거겁 없이 몸을 더더던 져져져

워어언 이 사람아 뭘 그렇게나 보채나

거품처럼 사라질게

When the time has come

드라마

작사 아이유 | **앨범** 조각집 | **발매일** 2021.12.29

Music Audio

실연하고 며칠 동안 사랑에 대해 몹시 비관하던 친구를 잠시나마 웃게 해주고 싶어서 만든 곡이다.

나도 한때는 그이의 손을 잡고

내가 온 세상 주인공이 된 듯

꽃송이의 꽃잎 하나하나까지

모두 날 위해 피어났지

올림픽대로 뚝섬 유원지 서촌 골목골목 예쁜 식당

나를 휘청거리게 만든 주옥같은 대사들

다시 누군가 사랑할 수 있을까

예쁘다는 말 들을 수 있을까

하루 단 하루만 기회가 온다면

죽을힘을 다해 빛나리

언제부턴가 급격하게

단조로 바뀌던 배경음악

조명이 꺼진 세트장에

혼자 남겨진 나는

단역을 맡은 그냥 평범한 여자

꽃도 하늘도 한강도 거짓말

나의 드라마는 또 이렇게 끝나

나왔는지조차 모르게

끝났는지조차 모르게

정거장

작사 아이유 | **앨범** 조각집 | **발매일** 2021.12.29

Music Audio

아이유가 드라마 '나의 아저씨'에서 '지안'이라는 인물에 대입해 만든 곡이다.

다음 정거장에서 만나게 될까

그리워했던 얼굴을

다음 파란불에는 만나게 될까

그리곤 했던 풍경을

해는 정해진 시간에 떨어지고

거리는 비어 가는데

단 한 사람 어제와 같은 그 자리

떠날 줄을 모르네

투둑투둑 무심하게 빗줄기 세로로 내리고

빗금을 따라 무거운 한숨 떨어지는데

다음 정거장에서 만나게 될까

그리워했던 사람을

다음 파란불에는 만나게 될까

그리곤 했던 얼굴을

한 뼘 한 뼘 머리 위로 꽃노을 발갛게 번지고

황혼을 따라 춤추는 그늘 길어지는데

다음 정거장에서 만나게 될까

그리워했던 바람을

다음 파란불에는 만나게 될까

그리곤 했던 기억을

아님 이다음 세상에나 닿을까

떠난 적 없는 그곳을

Shopper

작사 아이유 | **앨범** The Winning | **발매일** 2024.02.20

Music Video

영원히 문 닫지 않는 가게에서 자신만의 취향과 기준으로 원하는 것을 쓸어 담는 쇼퍼들의 이야기를 담은 곡이다.

아직도 난 더 가지고 싶어

(Yeah I want more I'll get it more, more)

설레는 게 이렇게나 많은 걸

(Oh I want all I must have all, all)

저녁 일곱시 노을의 팔레트

(I need it, course I'll take it, course, course)

가슴 터질 듯 내 이름을 외치는 목소리

(Oh it's so worth It's more than what, what)

빼곡히 적은 wish list 빠짐없이 가질 때까지

(Take what you want No matter who calls you a freak)

설명할 필요 없어 나 그때와는 다른 걸 원해, 원해

Let's go haul 더 미어터질 만큼 다 채워

Look around 시간은 짧아 더 빨리 가져

(Shop all day, ay Greed is free, ay)

Go Make your own 가지러 태어난 것처럼

이 샵은 문 닫지 않아 늘, 영원히

마지막 소절 숨의 첫 모금

(It's time to show Go, make it sure, sure)

승리를 앞둔 마음이 달릴 때 내는 소리

(It's time to go I'll make my goal, goal)

내게는 없어 plan B 모조리 내 것이 될 때까지

(Take what you want No matter who puts down your greed)

적당히로는 안돼 난 훨씬 더 대담한 걸 원해, 원해

Let's go haul 더 미어터질 만큼 다 채워

Look around 시간은 짧아 더 빨리 가져

이 샵은 문 닫지 않아, 봐

필요 없는 건 없어 for my Victory, even your jealousy

나 이제껏 모르던 세상을 욕심 내볼래

Let's go haul 더 미어터질 만큼 다 채워

Look around 시간은 짧아 더 빨리 가져

Shop all day, ay Greed is free, ay

Go Make your own 가지러 태어난 것처럼

이 샵은 문 닫지 않아 늘, 영원히

홀씨

작사 아이유 | 앨범 The Winning | 발매일 2024.02.20

30대가 된 아이유가 하늘에 홀홀히 나부끼는 홀씨로 살고자 한다는 메시지를 담은 곡이다.

내가 누울 자린 아마도 한참 더 위로

아니 적당히 미끈한 곳에 뿌리내리긴 싫어

내 뒤로 착착 따라붙어 다 예쁘게 줄지어

난 기어코 하늘에 필래 음, What a tiny leader

아슬아슬히 나는 홀씨 하나 또 다른

길을 향해서 Fly high to bloom

혹시 나의 안부를 묻는 누군가 있거든 전해줘

걔는 홀씨가 됐다구

날 따라, gonna go to win

날 따라, 날아가 꼭대기루

You say '후' I may fly You say '후' Then i fly

날 따라, Even without wings

날 따라, 떠올라 공중으루

You say '후' I may fly You say '후' Then i fly

다 날 볼 수 있게 날아 줄게 한가운데

시력을 위해 꼭 지참해 니 sunglass

올려보면 눈부셔 고소공포 하나도 안 무셔

따가운 태양과 무지 가까운 거리

까지 올라가 난 무심히 내려보리

구름을 골라타 간만에 한바탕

싹 어질러볼까

빙글빙그르 나는 홀씨 하나 가파른

바람을 타고 Fly high to bloom

혹시 나의 안부를 묻는 누군가 있거든 전해줘

걔는 홀씨가 됐다구

날 따라, gonna go to win

날 따라, 날아가 꼭대기루

You say '후' I may fly You say '후' Then i fly

날 따라, Even without wings

날 따라, 떠올라 공중으루

You say '후' I may fly You say '후' Then i fly

앞길이 만만치 않아도 엄살은 뒤로

내 선택이야 늘 그랬듯이 쉬울 확률은 zero

남은 거 탈탈 털어줄게 모두 행운을 빌어

구태여* 인사하고 갈래

May god be with ya See ya

---

* **구태여** 일부러 애써

'너'의 관객이 될게

투박하고도 유일하게 태어난 이들에게 말하고 싶다.
당신은 별난 사람이 아니라 별 같은 사람이라고.

내 손을 잡아

작사 아이유 | **앨범** 최고의 사랑 OST Part.4 | **발매일** 2011.05.25

Music Video

아이유가 19살 때 만든 첫 자작곡이며, 사랑의 시작을 풀어낸 곡이다.

느낌이 오잖아 떨리고 있잖아

언제까지 눈치만 볼 거니

네 맘을 말해봐 딴청 피우지 말란 말이야

네 맘 가는 그대로 지금 내 손을 잡아

어서 내 손을 잡아

우연히 고개를 돌릴 때 마다 눈이 마주치는 건

며칠 밤 내내 꿈속에 나타나 밤새 나를 괴롭히는 건

그 많은 빈자리 중에서 하필 내 옆자릴 고르는 건

나도 모르게 어느새 실없는 웃음 흘리고 있다는 건

그럼 말 다했지 뭐 우리 얘기 좀 할까

느낌이 오잖아 떨리고 있잖아

언제까지 눈치만 볼 거니

네 맘을 말해봐 딴청 피우지 말란 말이야

네 맘 가는 그대로 지금 내 손을 잡아

핸드폰 진동에 심장이 덜컥내려 앉는다는 건

오 나도 모르게 어느새 짓궂은 네 말투

자꾸 듣고 싶은걸

어떡해 저기 멀리 걸어온다

눈이 마주친다 언제까지 넌 모른척 할거니

사랑이 온거야 너와 나 말이야

네가 좋아 정말 못 견딜 만큼

그거면 된거야 더는 생각하지 말란 말이야

네 맘 가는 그대로

느낌이 오잖아 떨리고 있잖아

언제까지 눈치만 볼 거니

네 맘을 말해봐 딴청 피우지 말란 말이야

네 맘 가는 그대로 지금 내 손을 잡아

그냥 내 손을 잡아

지금 내 손을 잡아

복숭아

작사 아이유 | **앨범** 스무 살의 봄 | **발매일** 2012.05.11

Music Audio

사랑하는 연인을 바라보는 것만으로도 좋아서 어쩔 줄 몰라하는 애틋한 마음을 담은 곡이다.

자꾸 눈이 가네 하얀 그 얼굴에 질리지도 않아 넌 왜

슬쩍 웃어줄 땐 나 정말 미치겠네 어쩜 그리 예뻐 babe

뭐랄까 이 기분

널 보면 마음이 저려오네 뻐근하게

오 어떤 단어로 널 설명할 수 있을까

아마 이 세상 말론 모자라

가만 서 있기만 해도 예쁜 그 다리로

내게로 걸어와 안아주는 너는 너는 너

You know he's so beautiful

Maybe you will never know

내 품에 숨겨두고 나만 볼래

어린 마음에 하는 말이 아니야

꼭 너랑 결혼할래

오 어떤 단어로 널 설명할 수 있을까

아마 이 세상 말론 모자라

가만 서 있기만 해도 예쁜 그 다리로

내게로 걸어와 안아주는 너는 너는 너

몇 번을 말해줘도 모자라

오직 너만 알고 있는 간지러운 그 목소리로

노래 부를 거야 나 나 나 나 나 나 나 나 나

자꾸 맘이 가네 나 정말 미치겠네

마음

작사 아이유 | 앨범 마음 | 발매일 2015.05.18

Music Audio

'연약하지만 묵묵히 반짝일 하나'라는 메시지를 담은 곡이다.

툭 웃음이 터지면 그건 너

쿵 내려앉으면은 그건 너

축 머금고 있다면 그건 너

둥 울림이 생긴다면 그건 너

그대를 보며 나는 더운 숨을 쉬어요

아픈 기분이 드는 건 그 때문이겠죠

나를 알아주지 않으셔도 돼요 찾아오지 않으셔도

다만 꺼지지 않는 작은 불빛이 여기 반짝 살아있어요

영영 살아있어요

눈을 떼지 못 해 하루종일 눈이 시려요

슬픈 기분이 드는 건 그 때문이겠죠

제게 대답하지 않으셔도 돼요 달래주지 않으셔도

다만 꺼지지 않는 작은 불빛이 여기 반짝 살아있어요

세상 모든 게 죽고 새로 태어나 다시 늙어갈 때에도

감히 이 마음만은 주름도 없이 여기 반짝 살아있어요

영영 살아있어요

영영 살아있어요

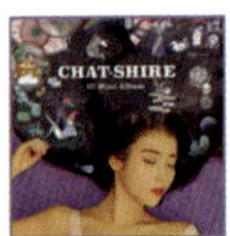

새 신발

작사 아이유 | 앨범 CHAT-SHIRE | 발매일 2015.10.23

Music Audio

안녕 오래 기다렸니 지루했지

I run and I run and I run and I run

나 지금 기분이 딱 완벽해

나를 시무룩하게 만들 생각은 마

에나멜 플랫 슈즈 위 따다닥

빨간 뾰족구두를 신고 또각

키가 큰 거울 앞에 다가가

한 바퀴 사뿐히 빙그르르

아직 춤춰요 Mr 분홍신

앞코를 부딪혀 like 도로시

발에 꼭 맞는 새 신을 신고

너에게 갈 준비됐어

설레 아이쿠 내 맘속에 작은 소용돌이

살랑 달큰한 바람은 나를 들뜨게

높은 계단 좁은 골목 난 어디든 가

내 마음에 꼭 맞는 새 신발을 신고

새 신발

작사 아이유 | **앨범** CHAT-SHIRE | **발매일** 2015.10.23

오늘 컨디션은 어떠니

하루 종일 나랑 여기 거기

또 저기 갈 준비됐니 단단히 맘먹었지

혹시나 일찍 집에 들어갈 생각은 마

근사한 음악소리 빠라밤

심장은 리듬이 돼요 빠담

우리랑 같이 춤춰요 마담

한 바퀴 사뿐히 빙그르르

들뜬 기분으로 아니마토

여기선 좀 더 빨리 가볼까 알레그로

특별히 신경 써서 아첸토

코러스부터 다시 한 번

설레 아이쿠 내 맘속에 작은 소용돌이

살랑 달큰한 바람은 나를 들뜨게

높은 계단 좁은 골목 난 어디든 가

내 마음에 꼭 맞는 새 신을 신고

새 신발 작사 아이유 | 앨범 CHAT-SHIRE | 발매일 2015.10.23

얼마나 좋니 파란 하늘 아래서

사랑하기 완벽한 날이지

왼손을 꼭 잡아줘

지금부터는 달릴 거야

설레 아이쿠 내 맘속에 하얀 바람개비

싱그르 웃는 손톱달이 뜰 때까지

높은 계단 좁은 골목 난 어디든 가

한 걸음 또 한 걸음 온 세상을 걷자

설레 아이쿠 내 맘속에 작은 소용돌이

살랑 달큰한 바람은 나를 들뜨게

높은 계단 좁은 골목 난 어디든 가

내 마음에 꼭 맞는 새 신발을 신고

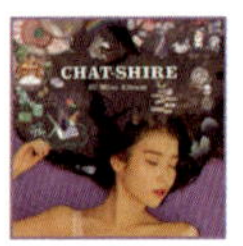

Zeze

작사 아이유 | 앨범 CHAT-SHIRE | 발매일 2015.10.23

Music Audio

흥미로운 듯 씩 올라가는 입꼬리 좀 봐

그 웃음만 봐도 알아 분명히 너는 짓궂어

아아 이름이 아주 예쁘구나 계속 부르고 싶어

말하지 못하는 나쁜 상상이 사랑스러워

조그만 손가락으로 소리를 만지네

간지러운 그 목소리로 색과 풍경을 노래 부르네 Yeah

제제 어서 나무에 올라와 잎사귀에 입을 맞춰

장난치면 못써 나무를 아프게 하면 못써 못써

제제 어서 나무에 올라와 여기서 제일 어린잎을 가져가

하나뿐인 꽃을 꺾어가 Climb up me Climb up me

꽃을 피운 듯 발그레해진 저 두 뺨을 봐

넌 아주 순진해 그러나 분명 교활하지

어린아이처럼 투명한 듯해도 어딘가는 더러워

그 안에 무엇이 살고 있는지 알 길이 없어

당장에 머리 위엔 햇살을 띄우지만

어렴풋이 보이는 너의 속은 먹구름과 닿아있네 Oh

제제 어서 나무에 올라와 잎사귀에 입을 맞춰

장난치면 못써 나무를 아프게 하면 못써 못써

제제 어서 나무에 올라와 여기서 제일 어린잎을 가져가

하나뿐인 꽃을 꺾어가 Climb up me Climb up me

한 번 더 닿고 싶어 여기서 매일 너를 기다려

전부 가지러 오렴

다시 부르고 싶어 여기서 매일 너를 기다려

얄밉게 돌아가도

내일 밤에 또 보러 올 거지

제제 어서 나무에 올라와 잎사귀에 입을 맞춰

장난치면 못써 나무를 아프게 하면 못써 못써

제제 어서 나무에 올라와 여기서 제일 어린잎을 가져가

하나뿐인 꽃을 꺾어가 Climb up me Climb up me

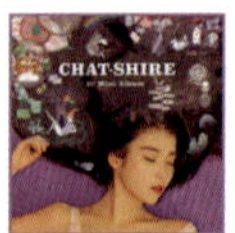

푸르던

작사 아이유 | 앨범 CHAT-SHIRE | 발매일 2015.10.23

Music Audio

첫사랑의 추억으로 가득했던 그 어느 날의 여름 밤을 상상하게 만드는 곡이다.

그날 알았지 이럴 줄 이렇게 될 줄

두고두고 생각날 거란 걸 바로 알았지

까만 하늘 귀뚜라미 울음소리

힘을 주어 잡고 있던 작은 손

너는 조용히 내려 나의 가물은 곳에 고이고

나는 한참을 서서 가만히 머금은 채로 그대로

나의 여름 가장 푸르던 그 밤

그 밤

너의 기억은 어떨까 무슨 색일까

너의 눈에 비친 내 모습도 소중했을까

머리 위로 연구름이 지나가네

그 사이로 선바람이 흐르네

푸르던　작사 아이유　|　**앨범** CHAT-SHIRE　|　**발매일** 2015.10.23

너는 조용히 내려 나의 가물은 곳에 고이고

나는 한참을 서서 가만히 머금은 채로 그대로

나의 여름 가장 푸르던

빗소리가 삼킨 사랑스런 대화

조그맣게 움*을 트는 마음

그림처럼 묽게 번진 여름 안에

오로지 또렷한 너

너는 조용히 내려 나의 가물은 곳에 고이고

나는 한참을 서서 가만히 머금은 채로 그대로

나의 여름 가장 푸르던 그 밤

그 밤

그날 알았지 이럴 줄

* **움** 풀이나 나무에 새로 돋아 나오는 싹

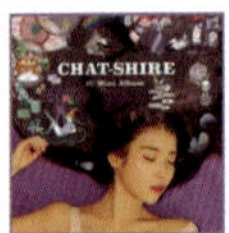

Red Queen (Feat. Zion.T)

Music Audio

작사 아이유 | **앨범** CHAT-SHIRE | **발매일** 2015.10.23

모두에게 공격을 받는 사람. 공격 받아 마땅할 악역에게서 선한 부분을 발견하는 것은 불편한 일이라고 생각하는 모두의 선입견에
질문을 던지는 곡이다.

표정이 없는 그 여자

모두가 미워하는 그 여자

당신도 알지 그 여자

오 가엾어라 그 여자

모두가 무서워 해 그 여자

당신이 아는 그 여자

재밌는 얘기 하나 할까

어쩌면 슬픈 얘길 지도

믿거나 말거나 한 가벼운 얘기죠

부디 비밀은 지켜줘요

아 글쎄 말야

그 여자 있죠 무시무시한 그녀에게

푸른 날 하늘처럼 새파랗게

웃던 때가 있었다네요

남자는 물론 여자들도

사람이 아닌 것들까지

전부 반해 사랑에 빠질 만큼 그 웃음이 예뻤다나요

꼬까옷 입고 천진하게 재잘거리며

지금 핏기 없이 메마른 뺨엔

생기가 놀더래요 Oh Red Queen

웃음이 예쁜 그 여자

모두가 사랑하는 그 여자

당신도 알지 그 여자

모두가 사랑하는 그 여자

You know

아름다워라 그 여자

모두가 예뻐라 해 그 여자

당신이 아는 그 여자

모두가 사랑하는 그 여자

얘기를 이어 가 볼까요

한 번 더 짚고 넘기자면

이건 어디까지나 가벼운 얘기죠

괜한 오해는 말아줘요

그 여자 말야

아주 오래 전 슬프게 우는 아무개의

서러운 등을 쓸어준 그 손이

믿을 수 없이 따뜻하더래요

애들은 물론 어른들도

생명이 없는 것들까지

전부 반해 사랑에 빠질 만큼 마음씨도 예뻤다나요

아무리 작고 초라한 걸 바라볼 때도

지금 총기 없이 우울한 눈은

반짝 빛나더래요 Oh Red Queen

표정이 없는 그 여자

모두가 미워하는 그 여자

당신도 알지 그 여자

모두가 미워하는 그 여자

You know

오 가엾어라 그 여자

모두가 무서워해 그 여자

당신이 아는 그 여자

모두가 미워하는 그 여자

그 여자의 붉은 머리

그보다 붉어 생채기 난 어디

눈에 가늘게 선 핏발이 누가 그 이유를 물어 주려나

저기 왜 화를 내나요

저기요 왜 악을 쓰나요

슬픈 그 여자의 붉은 머리

그 보다 더 더 더 더 더 더

붉은 어디

웃음이 예쁜 그 여자

모두가 예뻐라 해 그 여자

당신도 알지 그 여자

모두가 사랑하는 그 여자

오 가엾어라 그 여자

모두가 무서워해 그 여자

당신이 아는 그 여자

하고 보니 시시하군요

터무니없는 이야기죠

믿거나 말거나 한 실없는 얘기죠

그냥 모두 잊어버려요

밤편지

작사 아이유 | 앨범 밤편지 | 발매일 2017.03.24

Music Video

불면증으로 잠을 잘 못이루는 아이유가 사랑하는 이에게 가장하고 싶은 일은 숙면을 빌어주는 일이라는 생각으로 작사한 곡이다.

이 밤 그날의 반딧불을 당신의 창 가까이 보낼게요

음 사랑한다는 말이에요

나 우리의 첫 입맞춤을 떠올려 그럼 언제든 눈을 감고

음 가장 먼 곳으로 가요

난 파도가 머물던 모래 위에 적힌 글씨처럼

그대가 멀리 사라져 버릴 것 같아 늘 그리워 그리워

여기 내 마음속에 모든 말을 다 꺼내어 줄 순 없지만

사랑한다는 말이에요

어떻게 나에게 그대란 행운이 온 걸까

지금 우리 함께 있다면 아 얼마나 좋을까요

난 파도가 머물던 모래 위에 적힌 글씨처럼

그대가 멀리 사라져 버릴 것 같아 또 그리워 더 그리워

나의 일기장 안에 모든 말을 다 꺼내어 줄 순 없지만

사랑한다는 말

이 밤 그날의 반딧불을 당신의 창 가까이 띄울게요

음 좋은 꿈 이길 바라요

이름에게

Music Audio

작사 아이유, 김이나 ｜ **앨범** Palette ｜ **발매일** 2017.04.21

위로와 화해에 대한 곡으로 이 곡을 듣는 모두가 이 곡의 주인공이 되기를 바라는 마음으로 쓴 곡이다.

꿈에서도 그리운 목소리는

이름 불러도 대답을 하지 않아

글썽이는 그 메아리만 돌아와

그 소리를 나 혼자서 들어

깨어질 듯이 차가워도 이번에는 결코 놓지 않을게

아득히 멀어진 그날의 두 손을

끝없이 길었던 짙고 어두운 밤 사이로

조용히 사라진 네 소원을 알아

오래 기다릴게 반드시 너를 찾을게

보이지 않도록 멀어도 가자

이 새벽이 끝나는 곳으로

이름에게 작사 아이유, 김이나 | 앨범 Palette | 발매일 2017.04.21

어김없이 내 앞에 선 그 아이는

고개 숙여도 기어이 울지 않아

안쓰러워 손을 뻗으면 달아나

텅 빈 허공을 나 혼자 껴안아

에어질 듯이 아파와도 이번에는 결코 잊지 않을게

한참을 외로이 기다린 그 말을

끝없이 길었던 짙고 어두운 밤 사이로

영원히 사라진 네 소원을 알아

오래 기다릴게 반드시 너를 찾을게

보이지 않도록 멀어도 가자

이 새벽이 끝나는 곳

수없이 잃었던 춥고 모진 날 사이로

조용히 잊혀진 네 이름을 알아

멈추지 않을게 몇 번이라도 외칠게

믿을 수 없도록 멀어도

가자 이 새벽이 끝나는 곳으로

unlucky

작사 아이유　|　**앨범** Love poem　|　**발매일** 2019.11.18

Music Audio

⏮　⏸　⏭

아이유가 스스로에게 부르는 응원가. 바보같이 매번 휘둘려 골난 기분을, 그러면서도 기대하고 또 기대고 싶어 하는 싱숭생숭한 마음을 담은 곡이다.

기를 쓰고 사랑해야 하는 건 아냐

하루 정도는 행복하지 않아도 괜찮아

그럼에도 역시 완벽하군 나의 여인 um

여전히 무수한 빈칸들이 있지 끝없이 헤맬 듯해

풀리지 않는 얄미운 숙제들 사이로

마치 하루하루가 잘 짜여진 장난 같아

달릴수록 내게서 달아나

Just life, we're still good without luck

길을 잃어도 계속 또각또각 또 가볍게 걸어

(Take your time)

There's no right 실은 모두가 울고 싶을지 몰라

슬퍼지고 싶지 않아서 화내는지도 몰라

여전히 무수한 질문들이 있지 이번에도 틀린 듯해

아주 사소한 토씨 하나의 차이로

마치 하루하루가 삐뚤은 동그라미 같아

도망쳐도 여기로 돌아와

Just life we're still good without luck

비틀거려도 계속 또박또박 똑바르게 걸어

(Take your time)

There's no right 때론 모두가 외로운지도 몰라

지워지고 싶지 않아서 악쓰는지도 몰라

(Lalalala la la i love ma days)

I know that life is sometimes so mean

(Lalalala la la i love ma days)

It is true. So I'm trying

난 나의 보폭으로 갈게 불안해 돌아보면서도

별 큰일 없이 지나온 언제나처럼

이번에도 그래 볼게 음

Just life we're still cool without luck

길을 잃어도 계속 또각또각 또 가볍게 걸어

There's no right 실은 모두가 모르는지도 몰라

어쩌면 나름대로 더디게 느림보 같은

지금 이대로 괜찮은지도 몰라

자장가

작사 아이유 | 앨범 Love poem | 발매일 2019.11.18

Music Audio

꿈을 꾸는 사람의 시점이 아닌 꿈에서 깨고 나면 잊히게 될 꿈에 찾아와 마지막으로 사랑하는 이에게 자장가를 불러 잠을 재워 주고
떠나는 내용의 곡으로 영화 〈페르소나〉의 '밤을걷다' 에서 영감을 받은 곡이다.

기다리지 않기로 했잖아

울지 않을 거라고 그랬잖아

너무 늦은 밤이야 오 너무 긴 이별이야

잠시만 더 이렇게 있을까

그래 잊혀져 버릴 꿈이지만

눈을 감아 마지막 잠을 재워 줄게

My lullaby Baby sweet goodnight

무서운 꿈은 없을 거야

너의 끝나지 않는 긴긴 하루를

이제는 그만 보내주렴 음

가만히 끌어안고 있을까

어느 사이 끝나 가는 꿈이지만

마음 놓아 마지막 노랠 불러 줄게

My lullaby baby Sweet good night

무서운 꿈은 없을 거야

너의 끝나지 않는 긴긴 슬픔을

이제는 그만 보내 주렴

잠들지 못해 지친 숨소리가 잦아들 때까지

소란한 너의 밤을 지킬게

I'll be nearby Baby sweet goodnight

항상 네 곁에 있을 거야

더 만날 수 없는 지난날들도

이제는 그만 놓아 주렴

My edelweiss Baby sweet good bye

모두 잊어도 돼

다 괜찮아 괜찮아 놓아

Love poem

작사 아이유 | **앨범** Love poem | **발매일** 2019.11.18

Music Audio

사랑하는 누군가에게 조심스레 건네는 응원을 담은 곡이다.

누구를 위해 누군가 기도하고 있나 봐

숨죽여 쓴 사랑시가 낮게 들리는 듯해

너에게로 선명히 날아가

늦지 않게 자리에 닿기를

I'll be there 홀로 걷는 너의 뒤에

Singing till the end 그치지 않을 이 노래

아주 잠시만 귀 기울여 봐

유난히 긴 밤을 걷는 널 위해 부를게

또 한 번 너의 세상에 별이 지고 있나 봐

숨죽여 삼킨 눈물이 여기 흐르는 듯해

할 말을 잃어 고요한 마음에

기억처럼 들려오는 목소리

I'll be there 홀로 걷는 너의 뒤에

Singing till the end 그치지 않을 이 노래

아주 커다란 숨을 쉬어 봐

소리 내 우는 법을 잊은 널 위해 부를게

(다시 걸어갈 수 있도록)

부를게

(다시 사랑할 수 있도록)

Here i am 지켜봐 나를, 난 절대

Singing till the end 멈추지 않아 이 노래

너의 긴 밤이 끝나는 그날

고개를 들어 바라본 그곳에 있을게

Celebrity

작사 아이유 | **앨범** IU 5th Album 'LILAC' | **발매일** 2021.03.25

Music Video

아이유의 친구를 포함해 투박하고도 유일하게 태어난 이들에게 '당신은 별난 사람이 아니라 별 같은 사람'이라고 전하는 곡이다.

세상의 모서리 구부정하게 커버린

골칫거리 outsider

걸음걸이, 옷차림, 이어폰 너머 play list

음악까지 다 minor

넌 모르지 떨군 고개 위

환한 빛 조명이 어딜 비추는지

느려도 좋으니 결국 알게 되길

The one and only You are my celebrity

잊지마 넌 흐린 어둠 사이 왼손으로 그린 별 하나

보이니 그 유일함이 얼마나 아름다운지 말야

You are my celebrity

celebrity

You are my celebrity

지쳐버린 표정 마치 전원을 꺼놓은 듯이

심장소린 too quiet

네가 가진 반짝거림, 상상력, identity

까지 모조리 diet

넌 모르지 아직 못다 핀

널 위해 쓰여진 오래된 사랑시

헤매도 좋으니 웃음 짓게 되길

The one and only You are my celebrity

잊지마 넌 흐린 어둠 사이 왼손으로 그린 별 하나

보이니 그 유일함이 얼마나 아름다운지 말야

You are my celebrity

발자국마다 이어진 별자리

그 서투른 걸음이 새겨놓은 밑그림

오롯이 너를 만나러 가는 길

그리로 가면 돼 점선을 따라

잊지마 이 오랜 겨울 사이 언 틈으로 피울 꽃 하나

보이니 하루 뒤 봄이 얼마나 아름다울지 말야

You are my celebrity

celebrity

You are my celebrity

에필로그

Music Video

작사 아이유 | 앨범 IU 5th Album 'LILAC' | 발매일 2021.03.25

20대를 마무리하며 자신을 격려해 준 모든 사람들에게 감사 메시지를 담은 곡이다.

나를 알게 되어서 기뻤는지 나를 사랑해서 좋았었는지

우릴 위해 불렀던 지나간 노래들이

여전히 위로가 되는지

당신이 이 모든 질문들에 '그렇다'고 대답해준다면

그것만으로 끄덕이게 되는 나의 삶이란

오, 충분히 의미 있지요

내 맘에 아무 의문이 없어 난 이렇게 흘러가요

어디에도 없지만 어느 곳에나 있겠죠

가능하리라 믿어요

짧지 않은 나와의 기억들이 조금은 당신을 웃게 하는지

삶의 어느 지점에 우리가 함께였음이

여전히 자랑이 되는지

멋쩍은 이 모든 질문들에 '그렇다'고 대답해준다면

그것만으로 글썽이게 되는 나의 삶이란

오, 모르겠죠 어찌나 바라던 결말인지요

내 맘에 아무 의문이 없어 난 이 다음으로 가요

툭툭 살다보면은 또 만나게 될 거예요

그러리라고 믿어요

이 밤에 아무 미련이 없어 난 깊은 잠에 들어요

어떤 꿈을 꿨는지 들려줄 날 오겠지요

들어줄 거지요?

겨울잠

작사 아이유 | 앨범 조각집 | 발매일 2021.12.29

Music Audio

◀◀   ⏸   ▶▶

한 생명이 세상을 떠나가는 일과, 그런 세상에 남겨져 내 세상에 큰 상실이 찾아왔음에도 바깥엔 지체없이 꽃도 피고, 별도 뜨고, 시도 태어난다. 사랑하는 가족, 친구 혹은 반려동물을 먼저 떠나보내고 혼자서 맞이하는 첫 1년의 이야기를 담은 곡이다.

때 이른 봄 몇 송이 꺾어다 너의 방 문 앞에 두었어

긴 잠 실컷 자고 나오면 그때쯤엔 예쁘게 피어 있겠다

별 띄운 여름 한 컵 따라다 너의 머리맡에 두었어

금세 다 녹아버릴 텐데 너는 아직 혼자 쉬고 싶은가 봐

너 없이 보는 첫 봄이 여름이 괜히 왜 이렇게 예쁘니

다 가기 전에 널 보여줘야 하는데

음 꼭 봐야 하는데

내게 기대어 조각잠*을 자던 그 모습 그대로 잠들었구나

무슨 꿈을 꾸니 깨어나면 이야기해 줄 거지

언제나의 아침처럼 음

배곡한 가을 한 장 접어다 너의 우체통에 넣었어

가장 좋았던 문장 아래 밑줄 그어 나 만나면 읽어줄래

새하얀 겨울 한 숨 속에다 나의 혼잣말을 담았어

줄곧 잘 참아내다가도 가끔은 철없이 보고 싶어

새삼 차가운 연말의 공기가 뼈 틈 사이사이 시려와

움츠려 있을 너의 그 마른 어깨를

꼭 안아줘야 하는데

내게 기대어 조각잠을 자던 그 모습 그대로 잠들었구나

무슨 꿈을 꾸니 깨어나면 이야기해 줄 거지

언제나의 아침처럼 음

너

작사 아이유 | **앨범** 조각집 | **발매일** 2021.12.29

아이유가 집에도 못 가고 산골에서 며칠간 드라마 촬영을 하다가 윗집 사는 친구가 너무나 보고 싶어서 끄적였던 곡이다.

아득히 떨어진 곳에서

아무 관계없는 것들을 보며

조금 쓸쓸한 기분으로

나는 너를 보고픈 너를 떠올린다

아 애달프다[*] 일부러 그러나

넌 어떨까 오늘도 어여쁜가 너 너

어딘가 너 있는 곳에도

여기와 똑같은 하늘이 드나

문득 걸음이 멈춰지면

그러면 너도 잠시 나를 떠올려 주라

* **애달프다** 애처롭고 쓸쓸하다

다 너 같다 이리도 많을까

뜨고 흐르고 설키고 떨어진다 너 너

아득히 떨어진 곳에서

끝없이 흐노는[*] 누구를 알까

별 하나 없는 새카만 밤

나는 너를 유일한 너를 떠올린다

---

* **흐노는** 무엇인가를 몹시 그리며 동경하는

관객이 될게 (I stan U)

작사 아이유 | 앨범 The Winning | 발매일 2024.02.20.

Music Audio

긴 공연이 끝날 때까지 지친 기색 없이 눈을 반짝이며 나의 음악과 말들에 동의해 준 사람들에게 꼭 그만큼의 사랑과 응원이 되어 주고 싶다는 메시지를 담은 곡이다.

사소한 틈새의 one milli 그게 널 다르게 만들지

잔뜩 찡그려 웃는 버릇이나

자주 고르는 단어 하나하나

모두 바라보게 만들어 널 숨기지 마 Don't be silly

때때로 넌 자신 없어 하지만

그 수줍음조차 그저 좋아 난

흐리거나, 시리도록 맑을

(손에 닿거나, 아득히 멀어질)

네 모든 날들의 어느 열렬한 관객이 될게

난 나의 너를 믿어

You're stunning, so stunning

Go on 이 느낌 이어가

Ballad, Disco, Hip-Hop

상관없어 너 끌리는 대로 해

좋아 그건 또 그대로

I'm stanning, just stanning

You, I trust my you

가, 너만의 승리를 이뤄

I'm stanning, just stanning you

오늘도 스치듯 그 말이 날 쉬게 하는 걸 아는지

스르르 기분 좋은 웃음이 나

또 어떻게든 파고들어 와 넌

어둡거나, 눈부시게 밝을

(소란하거나, 아득히 고요할)

그 모든 날들의 어느 열렬한 관객이 될게

난 나의 너를 믿어

You're stunning, so stunning

Go on 이 느낌 이어가

Ballad, Disco, Hip-Hop

상관없어 너 끌리는 대로 해

Oh 좋아 그건 또 그대로

I'm stanning, just stanning you

막이 오르는 순간 조금 철이 없길 바라

놀아 어린아이처럼

다 숨죽인 무대 한가운데에서

그저 넌 너답게 웃어줘, 날아줘

넌 너의 나를 믿어

You're stunning, so stunning

Go on 노래를 이어가

Country, Classic, Lo-Fi

상관없어 너 끌리는 대로 해

Oh 좋아 그건 또 그대로

I'm stanning, just stanning

You, I trust my you

가, 너만의 승리를 이뤄

I'm stanning, just stanning you

'사랑'이라는 한편의 시

말로 내뱉자면 낯부끄럽기도 하지만, 그럼에도 불구하고 '사랑이 미움을 이긴다' 고 믿는다.

내가 중심을 잃고 흔들릴 때도 '그치만 결국 사랑이 이길 텐데'라고 되뇌며 논리를 갖추거나

생각의 근육을 키우거나 마음을 다스리곤 한다. 사랑이 이긴다는 명제는 내 삶을 통해 충분히 경험했다.

사랑을 믿어요

작사 아이유, G. 고릴라, 유승호 | **앨범** 사랑의 리퀘스트 | **발매일** 2010.08.02

all we need is forever love tonight

이밤이 가면 늦어버려요

우리들의 사랑은 아주 커다란 기적을 만들죠

내앞에 선 그대의 두눈을 바라보면 내맘은 뜨겁게 타오르죠

난 바라요 세상의 모든 사랑이 가득하길

이밤 내 귓가에는 들려요

커다란 사랑이 날 깨우고 있죠 oh love

그댄 왜 아직 모르고 있죠

멀리서 들리는 울음소릴

그 소리를 제발 외면하지 마요

그 아이들의 눈물이 이야기 하고 있잖아

용길내요 제발 눈 감지 말아요

모두의 사랑이 필요해요

all we need is forever love to night

이밤이 가면 늦어버려요

우리들의 사랑은 아주 커다란 기적을 만들죠

내앞에 선 그대의 두눈을 바라보면 내맘은 뜨겁게 타오르죠

난 바라요 세상의 모든 사랑이 가득하길

난 느낄 수가 있죠 맘 깊은 곳에 아직 남아 있는 용기를

당신의 그 마음 가득히 큰 사랑이 넘치고 있어요

귀를 막고 두 눈을 감아도 터져버릴듯한 사랑이 내 눈에 보여요

All we need is forever love to night

이밤이 가면 늦어버려요

우리들의 사랑은 아주 커다란 기적을 만들죠

내앞에 선 그대의 두눈을 바라보면 내맘은 뜨겁게 타오르죠

난 바라요 세상의 모든 사랑이 가득하길

삼촌 (Feat. 이적)

작사 아이유, 이적 | 앨범 Last Fantasy | 발매일 2011.11.29

삼촌 이제 오세요 오늘도 술 좀 마신 건가요

그래도 한 손에는 조카들 좋아할 과자 들고서

너무 속상해 말아요 이리 치이고 저리 치여도

할머니 구박에도 기가 죽으면 안 돼요

난 믿어요 우리 삼촌을

개구쟁이 같은 얼굴 무릎 나온 츄리닝

언제 철이 들까 하면서도 지금이 좋아

철부지 삼촌이 귀여운 삼촌이 우

항상 내가 예쁘다 이 세상에서 제일 예쁘다

못 생긴 내 콧날도 한가인처럼 예쁘다 해주는

집안의 맨 끝방 신세 그래도 여친 데려온 날엔

어깨에 힘이 잔뜩 마치 우리 아빠만큼 커 보여

우리 삼촌은

개구쟁이 같은 얼굴 무릎 나온 츄리닝

언제 철이 들까 하면서도 지금이 좋아

철부지 삼촌이 귀여운 삼촌이 우

Check it out

좀만 기다려봐 봐 삼촌을 믿어봐 봐

작은 Papa 이제 난다 궁상맞은 내 모습

Bye Bye Bye Bye

삼촌 술 담배 좀 끊어

쪼그만게 지 아빠 닮아가지고 잔소리는

아유 장가는 가야 될 거 아니야 지겨워 죽겠어 그냥

하 그러게

개구쟁이 같은 얼굴 무릎 나온 츄리닝

언제 철이 들까 하면서도 지금이 좋아

철부지 삼촌이 귀여운 삼촌이 우

삼촌 짱

사랑니

작사 아이유, G. 고릴라 | **앨범** Last Fantasy | **발매일** 2011.11.29

첫사랑이기 때문에 더욱 크게 다가오는 아픔을 10대 소녀의 시선에서 순수하고 재밌게 표현한 곡이다.

엄마 어젠 정말 미안해요 두 눈이 너무 부어서

방문을 잠근 채 한 발짝도 나올 수 없었어

자꾸만 눈물이 흐르는 걸 나 어떡해

이 지구 위엔 첫사랑을 지켜낸 사람은 없나봐

누구나 한 번쯤 한 웅큼 눈물을 쏟아내곤 잊고 살아가나봐

내 첫사랑은 첫 사랑니처럼 아파

난 몰라 몰라 이 벌레 같은 사랑 어린 내겐 너무 잔인해

어쩌죠 벌써 타버린 내 맘 Oh No My First Love

이 사랑이 날 죽일 건가 봐 어떡해

엄마 아빠도 이렇게 속썩인 적 있나요

남자는 이렇게 쉬운 여자 맘도 모르나봐 나쁜 놈 전화도 없네

내 첫사랑은 첫 사랑니보다 아파

사랑니 작사 아이유, G. 고릴라 | 앨범 Last Fantasy | 발매일 2011.11.29

난 몰라 몰라 이 벌레 같은 사랑 어린 내겐 너무 잔인해

어쩌죠 벌써 타버린 내 맘 Oh No My First Love

이 사랑이 날 죽일 건가 봐 어떡해

달콤한 건 한순간이었나 봐

어쩌지 어쩌다 어쩐다 어쩌나

점점 커져가는 내 사랑을

몰라 몰라 자꾸만 보고 싶어 Foolish Foolish 바보 같은

내 첫사랑 나 죽을 것 같아 엄마 Oh No My First Love

이 사랑이 날 아프게 하네

Love is cold Love is pain Love is fool

이런 첫 사랑은 내겐 너무나도 아파

철없는 내겐 너무나 아파 첫 사랑니보다

Everything's Alright (Feat. 김현철)

작사 아이유, 김현철 | **앨범** Last Fantasy | **발매일** 2011.11.29

Everything's alright If you hold me tight

나는 괜찮아 너만 있으면

Like a sunny day Such a wonderful day

내가 아는 넌 그런 사람인 걸

좋은 날씨잖아 약속도 없이 외로운 Holiday

시간도 멈춰 있어

괜히 짜증만 나 이런 날 보고 어쩌란 말인지

네가 없인 아무것도 안되잖아

Everything's alright If you hold me tight

나는 괜찮아 너만 있으면

Like a sunny day Such a wonderful day

내가 아는 넌 그런 사람인 걸

여자 자존심에 먼저 전화하긴 좀 그렇잖아

지금도 난 기다려

나를 잘 알잖아 못 이기는 척 전화해주면 돼

알면서 괜히 그래

Everything's alright If you hold me tight

나는 괜찮아 너만 있으면

Like a sunny day Such a wonderful day

내가 아는 넌 그런 사람인 걸

우리가 지금까지 나눈 말

뻔한 거짓말이 아니야

Everything's alright If you hold me tight

나는 괜찮아 너만 있으면

완전 보고 싶어 미치도록 말이야

Everything's alright If you hold me tight

나는 괜찮아 너만 있으면

Like a sunny day Such a wonderful day

Everything's alright If you hold me tight

나는 괜찮아 너만 있으면

After day by day Soon a smiley day

금요일에 만나요 (Feat. 장이정 Of HISTORY)

작사 아이유 | 앨범 Modern Times – Epilogue | 발매일 2013.12.20

Music Video

이제 막 서로에게 반한 남녀의 어쩔 줄 모르는 설렘을 노래한 곡이다.

월요일엔 아마 바쁘지 않을까

화요일도 성급해 보이지 안 그래

수요일은 뭔가 어정쩡한 느낌

목요일은 그냥 내가 왠지 싫어

우 이번 주 금요일

우 금요일에 시간 어때요

주말까지 기다리긴 힘들어

시간아 달려라 시계를 더 보채고 싶지만

mind control

일분 일초가 달콤해 이 남자 도대체 뭐야

사랑에 빠지지 않곤 못 배기겠어

온 종일 내 맘은 저기 시계바늘 위에 올라타

한 칸씩 그대에게 더 가까이

우 이번 주 금요일

우 금요일에 시간 어때요

딱히 보고 싶은 영화는 없지만

딱히 먹고 싶은 메뉴는 없지만

주말까지 기다리긴 힘들어

시간아 달려라 시계를 더 보채고 싶지만

mind control

일분 일초가 달콤해 이 남자 도대체 뭐야

사랑에 빠지지 않곤 못 배기겠어

온 종일 내 맘은 저기 시계바늘 위에 올라타

한 칸씩 그대에게 더 가까이

나 뭔가에 홀린 것 같아 이 여잔 도대체 뭐야

사랑해주지 않고는 못 배기겠어

돌아오는 이번 주금요일에 만나요

그 날 내 맘을 더 가져가줘요

더 가까이 더 가까이 와요 더 가까이

크레파스 (드라마 '예쁜 남자' 삽입곡)

작사 아이유 | **앨범** Modern Times – Epilogue | **발매일** 2013.12.20

Music Audio

지금 봄인지 가을인지 몰라요

한겨울이라면 또 어때요

녹아 다 없어질 만큼 온종일 만져주는 걸

요즘 날씨가 정말 좋네요

아니래도 사실 알게 뭐야

서울 공기가 이렇게나 달콤했었나요

우 뭐든지 그려요 다 돼줄게요

크레파스처럼 색칠해요 Black or yellow 그려줘요

아무도 보지 못한 그대 맘 속 판타지를 내게만 oh love

Sweet line 그려줘요 Touch line 만져줘요

머릿결 한 올 한 올까지 다 부드럽게

sweet line 속삭여줘 Feel line 다듬어줘

아프지 않을 만큼 두 손에 가득 담아줘

우우 예

크레파스 (드라마 '예쁜 남자' 삽입곡) 작사 아이유 | 앨범 Modern Times - Epilogue | 발매일 2013.12.20

근데 정말 그렇게 내가 좋나요

이유를 콕 집어 말해줘요

대체 나의 어떤 모습이 그대 맘을 흘렸을까

하루에도 몇 번씩 묻는 내가 귀찮아도 대답해줘 love

Sweet line 그려줘요 Touch line 만져줘요

손가락 마디마디까지 다 부드럽게

sweet line 속삭여줘 Feel line 다듬어줘

아프지 않을 만큼 두 손에 가득 담아 줘

우우 예

크레파스 얼룩들이 그대 손에 다 묻어

끈적거릴 때까지 아이처럼 계속

우 뭐든지 그려요 다 돼줄게요

크레파스처럼 색칠해요 Black or yellow 그려줘요

Sweet line 그려줘요 Touch line 만져줘요

머릿결 한 올 한 올까지 다 부드럽게

sweet line 속삭여줘 Feel line 다듬어줘

아프지 않을 만큼 두 손에 가득 담아줘

크레파스 (드라마 '예쁜 남자' 삽입곡)

을의 연애 (With 박주원)

작사 아이유 | **앨범** Modern Times | **발매일** 2013.10.08.

Music Audio

밀고 당기는 연인들의 긴장감을 표현한 곡이다.

뻔히 봐놓고 답장은 안 해 얼마나 바쁘시길래

끝나고 뭐해 얼굴 좀 볼까 오늘 우리 얘기 좀 해

언뜻 패턴은 비슷하지만 연애 초기 그것관 달라

모른 척 해도 이건 더 이상 밀고 당기기가 아냐

미묘한 신경전들이 더는 필요치 않은 사이

늘어질 대로 늘어져가는 Running time

눈칠 살피며 시간만 끌어 애태우는 저의가 뭐야

유통기한은 끝난 지 오래 상해도 한참 상했지

혀 끝을 지나기도 전에 벌써 지루해져 버린 내 이름

애인스럽게 불려본 게 언제던가 짠해

다시 끓기도 푹 식히기도 뜻뜨미적지근한 온도

끝이 보이질 않는 이 눈치 게임 하루도 더 못해

그래 내가 졌어 에라이 비겁한 남자야

(Bonus Track) Voice Mail (Korean Ver.)

작사 아이유 | 앨범 Modern Times | 발매일 2013.10.08

Music Audio

어쩌면 아니길 바랬나 봐

얼마 전부터 밤낮으로 날 괴롭히는 두근거림

덕분에 나 어제는 한숨도 못 잤어

미안 아마 너도 느꼈을 거야

어설프게 감추며 네 주월 맴돌던

내 모습이 네게 많이 거슬렸다면 사과할게

사실은 지금도 할 수만 있다면 계속 부정하고 싶다

근데 솔직히 조금은 헷갈리게 만든 네 책임도 있는 거 아냐

늦은 밤 진동 소리에 은근한 목소리로 나를 깨웠잖아

아침은 꼭 먹고 다니라며 다정했던 걱정

정말 넌 아무 뜻도 없었냐

걱정 마 심각한 수준은 아냐

네게 심심풀이 땅콩이라도 좋다느니 뭐 그런 얘기 아냐

잠깐 이러다 알아서 정리할게

녹음 시간은 벌써 2분 30초가 막 넘어가고 있네

사실 더 할 말도 없어

어차피 아무 대책 없이 그냥 한 번 질러본 거니까

참 끝까지 초라하다

나 왜 이렇게 한심하니

이런 건 아닌데

답장을 못내 기다릴 텐데

역시 아니라면 난 아니라면

네가 아니면 뭐 아닌 거지 뭐

아닌 거지 뭐

봄 사랑 벚꽃 말고

Music Video

작사 아이유 | **앨범** 봄 사랑 벚꽃 말고 | **발매일** 2014.04.08

외로운 솔로들의 마음을 위로하는 따뜻한 봄 노래의 곡이다.

길었던 겨우내 줄곧 품이 좀 남는 밤색 코트

그 속에 나를 쏙 감추고 걸음을 재촉해 걸었어

그런데 사람들 말이 너만 아직도 왜 그러니

그제서야 둘러보니 어느새 봄이

손 잡고 걸을 사람 하나 없는 내게

달콤한 봄바람이 너무해

나만 빼고 다 사랑에 빠져 봄노래를 부르고

꽃잎이 피어나 눈 앞에 살랑거려도

난 다른 얘기가 듣고 싶어 한바탕 휩쓸고 지나가버릴

오오 봄 사랑 벚꽃 말고

봄 사랑 벚꽃 말고

x 3

봄 사랑 벚꽃 말고 작사 아이유 | 앨범 봄 사랑 벚꽃 말고 | 발매일 2014.04.08

손에 닿지도 않을 말로 날 꿈틀거리게 하지 말어

맘 먹고 밖에 나가도 막상 뭐 별 거 있나

손 잡고 걸을 사람 하나 없는 내게

오 사랑노래들이 너무해

나만 빼고 다 사랑에 빠져 봄노래를 부르고

꽃잎이 피어나 눈 앞에 살랑거려도

난 다른 얘기가 듣고 싶어 한바탕 휩쓸고 지나가버릴

오오 봄 사랑 벚꽃 말고

남들보다 절실한 사랑 노래 가사를 불러 봐

수많은 연인들 가운데 왜 나는 혼자만

똑같은 거리와 어제와 같은 옷차림

난 제자린데 왜 세상은 변한 것만 같지

누군가와 봄길을 거닐고 할 필요 없지만

누구나 한번쯤은 머물고 싶은 그런 기억을

만들고 싶어 떨어지는 벚꽃잎도

엔딩이 아닌 봄의 시작이듯

사실은 요즘 옛날 생각이 나

걷기만 해도 그리워지니까

다시 느낄 수 있나 궁금해지지만

Then you know what

나만 빼고 다 사랑에 빠져 봄노래를 부르고

꽃잎이 피어나 눈 앞에 살랑거려도

난 다른 얘기가 듣고 싶어 한바탕 휩쓸고 지나가버릴

오오 봄 사랑 벚꽃 말고

봄 사랑 벚꽃 말고

x 3

이런 엔딩

작사 아이유 | 앨범 Palette | 발매일 2017.04.21

Music Video

이별을 겪은 남녀라면 쉽게 공감할 만한, 사랑에있어 가장 슬픈 이별의 순간을 둘이 만든 영화의 엔딩씬으로 빗대어 가사로 풀어낸 곡이다.

안녕 오랜만이야 물음표 없이 참 너다운 목소리

정해진 규칙처럼 추운 문가에 늘 똑같은 네 자리

제대로 잘 먹어 다 지나가니까

예전처럼 잠도 잘 자게 될 거야

진심으로 빌게

너는 더 행복할 자격이 있어

그런 말은 하지 마 제발

그 말이 더 아픈 거 알잖아

사랑해줄 거라며 다 뭐야

어떤 맘을 준 건지 너는 모를 거야

외로웠던 만큼

너를 너보다 사랑해줄 사람 꼭 만났으면 해

내가 아니라서 미안해 주는 게 쉽지가 않아

그런 말은 하지 마 제발

그 말이 더 아픈 거 알잖아

사랑해줄 거라며 다 뭐야

어떤 맘을 준 건지 끝내 모를

솔직히 말해줄래 제발

너라면 다 믿는 거 알잖아

네 말대로 언젠가 나도

나 같은 누군가에게 사랑 받게 될까

사랑이 잘 (With 오혁)

작사 아이유 ｜ **앨범** 사랑이 잘 ｜ **발매일** 2017.04.07

Music Audio

권태기에 놓인 남녀의 갈등을 긴장감 있게 표현한 곡이다.

미리 말할게 사과는 안 해

아무 말 없이 너 후회 안 해

다 관심 없잖아 친구야 뭐야

Oh you know what to do

피곤해 그만 오늘은 놔 줘

더 이상 반복하긴 싫어

또 다 내가 나빠 아마 그래 난 널 미워하나 봐

사랑이 잘 안 돼 떠올려 봐도

피부를 비비고 안아봐도

입술을 맞춰도 참 생각대로 되지 않아

웃긴 것 같아 되돌려보려고 서로 모른 척해도

이제 와 우리가 어떻게 다시 사랑 같은 걸 하겠어

다섯 번째 미안하단 말이

이젠 너에게는 지겨운 건지

마지막일 거란 예감이 들어

Oh you know what to do

이건 내가 오늘 하루 종일

그린 저녁은 분명 아니야

널 보면 자꾸 네 안에 내가 보여서 이젠 내가 싫어

사랑이 잘 안 돼 떠올려 봐도

피부를 비비고 안아봐도

입술을 맞춰도 참 생각대로 되지 않아

웃긴 것 같아 되돌려보려고 계속 모른 척해도

이제 와 우리가 어떻게 다시 사랑 같은 걸 하겠어

어디야 넌 어디야

집이야 난 택시야

집에 거의 다 와가니

Oh 미안해 뭐 어떤 게

그냥 다 들어가

나 지갑 거기 두고 왔어

Oh 있잖아 아니야

말해 봐 이제 더 사랑하지 않는 것 같아

아

사랑이 잘 안 돼 떠올려 봐도

피부를 비비고 안아봐도

입술을 맞춰도 참 생각대로 되지 않아

웃긴 것 같아 되돌려보려고 서로 모른 척해도

이제 와 우리가 어떻게 다시 사랑 같은 걸 하겠어

그 사람

작사 아이유 | **앨범** Love poem | **발매일** 2019.11.18

Music Audio

◀◀　　Ⅱ　　▶▶

갑자기 손님처럼 잠시 머물다 간 '그 사람'에 대한 곡이다.

그 사람 돌아보지 않아요 사랑에 약속하지 않고요

매일을 춤추듯이 살아서

한순간도 그에게 눈 뗄 수 없었나 봐요

그 사람 부끄러워 않아요 쉬운 농담에 쉬이 웃지 않고요

그러다 한 번 웃어 주면

아, 난 어쩌지 못하고 밤새 몸달아 했어요

오 날 살게 하던 총명한 말 마디마디

겨우 미워해 봐도 잊혀지진 않네요

발자국 하나 안 두고 어디로 바삐 떠나셨나요

Why do i still love you

Why do i sing about you

Why do i still wait for you

Sing about you say love you

Baby i love you

Why i love you why you

오 날 덥게 하던 따뜻한 손 마디마디

애써 밀어내 봐도 떨쳐지지 않아요

그림자 한 뼘 안 주고 어찌 숨 가삐 떠나셨나요

그 사람 마주친 적 있나요 여전히 그렇게 그 던가요

지금쯤 어디서 어느 누구, 어떤 음악에

고고히 춤추고 있을까요

Why do i still love you

Why do i sing about you

Why do i still wait for you

Sing about you Say love you

Baby i love you

why i love you why you

시간의 바깥

작사 아이유 ┃ **앨범** Love poem ┃ **발매일** 2019.11.18

Music Video

'너랑 나'의 답가로 시간을 초월한 초현실적인 세계에서 기어코 만나게 되는 가사의 곡이다.

서로를 닮아 기울어진 삶

소원을 담아 차오르는 달

하려다 만 괄호 속의 말

이제야 음 음 음

어디도 닿지 않는 나의 닻

넌 영원히 도착할 수 없는 섬 같아

헤매던 날 이제야 음 음 음

기록하지 않아도 내가 널 전부 기억할 테니까

기다려

기어이 우리가 만나면, 시간의 테두리 바깥에서

과거를 밟지 않고 선다면 숨이 차게 춤을 추겠어

낮에도 밝지 않은 나의 밖

끝없는 밤 남겨진 반

넌 어떨까 나와 같을까

알 수 없음에 아파지던 맘

시간의 바깥   작사 아이유 | 앨범 Love poem | 발매일 2019.11.18

더 멀리 자유 그 위로 가자

내일이 우릴 찾지 못할 곳에서 기쁘게 만나 이제야

한눈에 찾지 못해도 돼 내가 널 알아볼 테니까

기다려

기어이 우리가 만나면, 시간의 테두리 바깥에서

과거를 밟지 않고 선다면 숨이 차게 춤을 추겠어

드디어

기다림의 이유를 만나러 꿈결에도 잊지 않았던

잠결에도 잊을 수 없었던 너의 이름을 불러 줄게

기다려

잃어버렸던 널 되찾으러 엉키었던 시간을 견디어

미래를 쫓지 않을 두 발로 숨이 차게 달려가겠어

긴긴 서사를 거쳐 비로소 첫 줄로 적혀

나 두려움 따윈 없어

서로를 감아 포개어진 삶

그들을 가만 내려보는 달

여전히 많아 하고 싶은 말

우리 좀 봐 꼭 하나 같아

에잇(Prod.&Feat. SUGA of BTS)

작사 아이유 | **앨범** 에잇 | **발매일** 2020.05.06

Music Video

반복되는 무력감과 무기력함, 그리고 '우리'가 슬프지 않았고 자유로울 수 있었던 '오렌지 섬'의 그리움으로 기억될 것 같다는 아이유의 스물여덟을 담은 곡이다.

So are you happy now Finally happy now are you

뭐 그대로야 난 다 잃어버린 것 같아

모든 게 맘대로 왔다가 인사도 없이 떠나

이대로는 무엇도 사랑하고 싶지 않아

다 해질 대로 해져버린 기억 속을 여행해

우리는 오렌지 태양 아래 그림자 없이 함께 춤을 춰

정해진 이별 따위는 없어 아름다웠던 그 기억에서 만나

Forever young 우우우 우우우우 우우우 우우우우

Forever we young 우우우 우우우우

이런 악몽이라면 영영 깨지 않을게

섬 그래 여긴 섬 서로가 만든 작은 섬

예 음 forever young 영원이란 말은 모래성

작별은 마치 재난문자 같지

그리움과 같이 맞이하는 아침

서로가 이 영겁을 지나

꼭 이 섬에서 다시 만나

지나듯 날 위로하던 누구의 말대로 고작

한 뼘짜리 추억을 잊는 게 참 쉽지 않아

시간이 지나도 여전히 날 붙드는 그곳에

우리는 오렌지 태양 아래 그림자 없이 함께 춤을 춰

정해진 안녕 따위는 없어 아름다웠던 그 기억에서 만나

우리는 서로를 베고 누워 슬프지 않은 이야기를 나눠

우울한 결말 따위는 없어 난 영원히 널 이 기억에서 만나

Forever young 우우우 우우우우 우우우 우우우우

Forever we young 우우우 우우우우

이런 악몽이라면 영영 깨지 않을게

Flu

작사 아이유 | 앨범 IU 5th Album 'LILAC' | 발매일 2021.03.25

Music Audio

바락바락 부정하더라도 결국 얼마 못 가 나를 완전히 무력화시키고 말, 사랑이라는 세균에 맞서 사력을 다해 마지막 반항을 하는 이야기의 곡이다.

Doc, I'm feeling bad 미열이 흐르고 또 어질어질해

there's too much pain 식은땀이 흘러 온몸이 끈끈해

엉망이 될 것만 같은 끔찍한 예감이 들어

귓가엔 마지막 경고 같은 이명이 들려

Hold on a sec, oh damn, I got a bad flu

믿을 수가 없어 오 이런, 바보 같이 또 사랑에 빠져

힐끗힐끗 눈을 맞추면 I'm very embarrassed

온몸에 퍼지는 virus 난 더운 숨을 몰아 쉬어

쓰러질 때까지 후후후후후 후후후후후후

이 고통은 마치 Flu hu huhuhu flu flu hu hu hu

오 이런 바보 같이

I have no plan 시름시름 한참 널 앓을 수밖에

Irony해 내 마음은 쿡 찌르르 아픈데

입가엔 제멋대로 미묘한 웃음이 흘러

Hold on a sec, oh damn I got a bad flu

믿을 수가 없어 오 이런, 바보 같이 또 사랑에 빠져

힐끗힐끗 눈을 맞추면 I'm very embarrassed

온몸에 퍼지는 virus 난 더운 숨을 몰아 쉬어

쓰러질 때까지 후후후후후 후후후후후후

이 고통은 마치 Flu hu huhuhu flu flu hu hu hu

오 이런 바보 같이

안간힘을 다해봐도 이제 더는 무리일 걸

완전히 진 기분이 들어

피할 수가 없어 뜻밖의 사고 같이 또 사랑에 빠져

아슬아슬 다가가 위태로운 Everest

심장에 울리는 siren 사나운 숨을 몰아 쉬어

쓰러질 때까지 후후후후후 후후후후후후

이 고통은 마치 Flu hu huhuhu flu flu hu hu hu

오 이런 바보 같이 후후후후후 후후후후후후

이 고통은 마치 Flu hu huhuhu flu flu hu hu hu

오 이런 바보 같이

봄 안녕 봄

작사 아이유 | **앨범** IU 5th Album 'LILAC' | **발매일** 2021.03.25

Music Audio

아직도 무의식 중에 가장 먼저 떠올리는 이름이 너일 때가 있지만, 이렇게 잠 못 이루는 밤들도 더러 있지만, 이제는 이게 미련이라고 생각되지는 않아.

아프던 너의 이름도 이제는 미련이 아냐

하얗게 잊어버린 듯 살다가

또 한 번 마주치고 싶은 우연이지

낮게 부는 바람결이, 희미한 계절의 기척이

내게는 전혀 낯설지 않아

혹시나 하는 마음에 손을 뻗어보네

봄, 그대가 내게 봄이 되어 왔나 봐

따스하게 내 이름 불러주던 그 목소리처럼

아마 잘 지낸다는 다정한 안부인가 봐

여전히 예쁘네 안녕, 안녕

나란히 걷던 거리에 어느새 핀 꽃 한 송이

모른 척 걸음을 서두르다가 혹시나 하는 마음에 문득

봄 안녕 봄   작사 아이유 | 앨범 IU 5th Album 'LILAC' | 발매일 2021.03.25

봄, 그대가 내게 봄이 되어 왔나 봐

가득 차게 두 뺨을 반짝이던 편한 웃음처럼

아마 잘 지낸다는 다정한 안부인가 봐

여전히 예쁘네 안녕

매일 다른 길목에 우리 마주칠 수 있도록

나 부지런히 걸어가요 이렇게 기다릴게요

또 그대가 나를 안아 주고 있나 봐

아무 말 없이 그 품을 내어주던 지난날들처럼

더 잘 지내라는 다정한 인사인가 봐

모르지 않을게 내가 먼저 그대

알아볼게 이렇게 안녕

돌림노래 (Feat. DEAN)

작사 Deanfluenza, 아이유 | 앨범 IU 5th Album 'LILAC' | 발매일 2021.03.25

Music Audio

마치 돌림노래 같은 연인 사이의 관계에 대해 솔직한 이야기를 주고받는 곡이다.

죄책감 없이 밤늦게 전화해도 돼

(그 다음 날) 기억도 못 할 헛소릴 뱉어도 돼

(아무때나) 예고 없이 찾아와 나의 하루를 망쳐도 돼

이런 맘을 사랑이라고 부르고 싶지는 않아

우린 가장 최악의 구간을 맴돌아

We're lost in a circle

이 지겨운 돌림노래 꼬리에 꼬리를 물어 도무지 끝이 안 나

Too easy and so simple (rolly rolly rolly roll)

별생각 없이 가볍게 (rolly rolly rolly roll)

이 짓을 이어가 머릿속엔 온종일 한 곡만 streaming

알잖아 you're my favorite 하지만 나는 ex-boy friend

선 넘을 뻔 했던 건 인정해 근데 이제 아홉 번째

baby tell me something

이렇게 그냥 나의 옆에 누워있을 때 너는 어때

네 맘은 여전해?

돌림노래 (Feat. DEAN)

작사 Deanfluenza, 아이유 | 앨범 IU 5th Album 'LILAC' | 발매일 2021.03.25

우린 가장 최악의 구간을 맴돌아

We're lost in a circle

이 지겨운 돌림노래 꼬리에 꼬리를 물어 도무지 끝이 안 나

Too easy and so simple (rolly rolly rolly roll)

별 생각 없이 가볍게 (rolly rolly rolly roll)

이 짓을 이어가 머릿속엔 온종일 한 곡만 streaming

너도 느끼지 우리 참 일관적으로 별로야

너는 너답게 나는 나답게

얼마든지 나빠도 괜찮아 너의 뒷모습을 더 사랑하니까

We're lost in a circle

이 지겨운 돌림노래 꼬리에 꼬리를 물어 도무지 끝이 안 나

Too easy and so simple (rolly rolly rolly roll)

별 생각 없이 가볍게 (rolly rolly rolly roll)

이 짓을 이어가 머릿속엔 온종일 한 곡만 streaming

strawberry moon

작사 아이유 | **앨범** strawberry moon | **발매일** 2021.10.19

Music Video

포토샵으로 만든 것 같은 6월 밤하늘의 딸기 색깔 달보다, 사랑에 빠졌을 때 일어나는 누구나 한 번쯤 경험한 적 있을 그 신비한 순간을 그린 곡이다.

달이 익어가니 서둘러 젊은 피야

민들레 한 송이 들고

사랑이 어지러이 떠다니는 밤이야

날아가 사뿐히 이루렴

팽팽한 어둠 사이로 떠오르는 기분

이 거대한 무중력에 혹 휘청해도 두렵진 않을 거야

푸르른 우리 위로 커다란 strawberry moon 한 스쿱

나에게 너를 맡겨볼래 eh-oh

바람을 세로질러˚ 날아오르는 기분 so cool

삶이 어떻게 더 완벽해 ooh

다시 마주하기 어려운 행운이야 온몸에 심장이 뛰어

Oh 오히려 기꺼이 헤매고픈 밤이야

너와 길 잃을 수 있다면

맞잡은 서로의 손으로 출입구를 허문

이 무한함의 끝과 끝 또 위아래로 비행을 떠날 거야

푸르른 우리 위로 커다란 strawberry moon 한 스쿱

나에게 너를 맡겨볼래 eh-oh

바람을 세로질러 날아오르는 기분 so cool

삶이 어떻게 더 완벽해 ooh

놀라워 이보다 꿈같은 순간이 또 있을까 (더 있을까)

아마도 우리가 처음 발견한

오늘 이 밤의 모든 것, 그 위로 날아

푸르른 우리 위로 커다란 strawberry moon 한 스쿱

세상을 가져보니 어때 eh-oh

바람을 세로질러 날아오르는 기분 so cool

삶이 어떻게 더 완벽해 ooh

러브레터

작사 아이유 | **앨범** 조각집 | **발매일** 2021.12.29

Music Audio

노부부 중 먼저 세상을 떠나는 쪽이 남게 되는 다른 한쪽에게 남기는 마지막 연애편지라는 설정의 곡이다.

골목길 머뭇하던 첫 안녕을 기억하오

그날의 끄덕임을 난 잊을 수 없다오

길가에 내린 새벽 그 고요를 기억하오

그날의 다섯시를 난 잊을 수 없다오

반듯하게 내린 기다란 속눈썹 아래

몹시도 사랑히 적어둔 글씨들에

이따금 불러주던 형편없는 휘파람에

그 모든 나의 자리에 나 머물러 있다오

아끼던 연필로 그어놓은 밑줄 아래

우리 둘 나란히 적어둔 이름들에

무심한 걱정으로 묶어주던 신발끈에

그 모든 나의 자리에 나 머물러 있다오

좋아하던 봄 노래와 내리는 눈송이에도

어디보다 그대 안에 나 머물러 있다오

나 머물러 있다오 그대 울지 마시오

Shh.. (Feat. 혜인(HYEIN), 조원선 & Special Narr. 패티김)

작사 아이유 | **앨범** The Winning | **발매일** 2024.02.20

Music Video

⏮ ⏸ ⏭

매번 나를 이기는 이름들. 마음에서 유행 타지 않는 이름들. 나를 지금의 나로 안내해 준, 내 안 어딘가 날 구성하는 이름들. 오래도록 특별하고 복잡할 그녀들에게 쓴 곡이다.

It's not about F (F) not about L (L)

We got something else

뒷짐을 진채 따라갈래 그녀의 긴 발자국

서로를 이어 (서로를 이어)

How special we are (special we are)

그 존재감에 입을 다무네

영원히 날 앞서는 그 이름은 Shh...

음 아마 첫사랑이지 또한 내 첫 세상 뚫어져라 무언가

바라보는 시선 역시 같은 눈동자를 가진 그녀를 닮아서일까

음 즐거운 악몽이지 우리는 시소에 올라

또 오르락내리락 도통 이해가 안 되는 일이지

유쾌하지 않은 꿈에서까지 널 보며

왜 웃고 있을까

It's not about F (F) not about L (L)

We got something else

굵고 까맣게 (F) 땋은 양갈래 (L) 이야길 담은 입술

서로를 이어 (서로를 이어)

How special we are (special we are)

참 시시하게 (F) 혹은 비범하게 (L)

한 조각씩 내어준 그 이름은 Shh..

옷자락 휘날리던 등장에 대하여 (Salute)

그보다 꼿꼿하던 퇴장을 향하여

빛에 맞서던 순간도 빛을 등지던 순간도 음음

내내 자신답던 그녀를 위하여

멈춘 적 없는 오랜 혼잣말처럼

나의 시간 어딘가 영원히

풀리지 않는 암호 같은 그녀들에게

It's all about F (F) All about L (L)

We got something else

난 마주할래 (F) 오랜 감정에 (L)

이름을 붙일 자유

서로를 이어 (서로를 이어)

How special we are (special we are)

끝내 재가 될 때 (F) 까지 내 안에 (L)

빨갛게 숨 타오를 그 이름은 Shh..

여기 낡은 이야기 하나 있죠

모두가 다 아는, 그러나 또 모르는 그 이름은 Shh..

Love wins all

작사 아이유 | 앨범 The Winning | 발매일 2024.02.20.

Music Video

사랑하기를 방해하는 세상에서 끝까지 사랑하려 애쓰는 이들의 이야기를 담은 곡이다.

Dearest, Darling, My universe 날 데려가 줄래?

나의 이 가난한 상상력으론 떠올릴 수 없는 곳으로

저기 멀리 from Earth to Mars 꼭 같이 가줄래?

그곳이 어디든, 오랜 외로움 그 반대말을 찾아서

어떤 실수로 이토록 우리는 함께일까

세상에게서 도망쳐 Run on

나와 저 끝까지 가줘 My lover

나쁜 결말일까 길 잃은 우리 둘 um

부서지도록 나를 꼭 안아

더 사랑히 내게 입 맞춰 Lover

Love is all Love is all Love Love Love Love

결국, 그럼에도, 어째서 우리는 서로일까

세상에게서 도망쳐 Run on

나와 저 끝까지 가줘 My lover

나쁜 결말일까 길 잃은 우리 둘 um

찬찬히 너를 두 눈에 담아 한 번 더 편안히 웃어주렴

유영하듯 떠오른 그날 그 밤처럼,

나와 함께 겁 없이 저물어줄래?

산산히 나를 더 망쳐 Ruiner

너와 슬퍼지고 싶어 My lover

필연에게서 도망쳐 Run on

나와 저 끝까지 가줘 My lover

일부러 나란히 길 잃은 우리 두 사람

부서지도록 나를 꼭 안아

더 사랑히 내게 입 맞춰 Lover

Our Love wins all Love wins all

Love Love Love Love

아이유 가사 필사집

발행인 김두영

전무 김정열

콘텐츠기획개발부 구본희

디자인기획개발부 방채윤

제작 유정근

마케팅기획개발부 이천희, 이두리, 신찬

경영지원개발부 윤순호, 권지현, 한재현

음원 정하영

발행일 2024년 11월 25일(1판 1쇄)

발행처 삼호ETM (http://www.samhomusic.com)

경기도 파주시 문발로 175

마케팅기획개발부　전화 1577-3588　　　팩스 (031) 955-3599

콘텐츠기획개발부　전화 (031) 955-3589　팩스 (031) 955-3598

등 록 2009년 2월 12일 제 321-2009-00027호

ISBN 978-89-6721-549-1

이 책이 나오기까지 소중한 도움을 주신 유애나 이아현, 송승현 님께 감사의 마음을 전합니다.